なるほど仏教

禅の法話に学ぶ

木村隆徳

誠信書房

まえがき

「布教」という言葉があります。辞書を引くまでもありませんが、国語大辞典には「教理を教え広めること。特に、宗教を一般に広め伝えること[1]」とあります。すなわち、ある宗教の教えを広めることをいうわけですが、その意味するところは、一般的には、信者を獲得することと理解されているのではないかと思います。

私は曹洞宗の一寺院の住職をしていますから既成教団に属しますが、既成教団は江戸時代の檀家制度を今もって引きずっています。というよりも、恐らく地方に行けば行くほど、その地域全体が檀家制度を引きずっているというべきなのかもしれません。地方では、ほとんどの家はどこかのお寺を菩提寺（日常的仏事のお世話になるお寺）としています。基本的には菩提寺を持っていないご家庭はほとんどないわけです。そのようななかで、信者獲得のための布教をするというのは日本の風土として合わないように思います。そのようなことをもするとすれば、それは宗派同士、あるいはお寺同士が信者獲得競争をすることになりましょう。

現在の日本の主な仏教宗派は鎌倉時代に成立しましたが、その成立当初の仏教は現在のような「家の宗教」というものではなかったと思われます。したがって鎌倉時代の各宗派の開祖といわれる方々は、恐らく個人を布教の対象とすることができたと思われます。その場合、競争原理がはたらいても何も問題は起こらなかったでしょう。ただ、旧仏教からの攻撃が布教する者に対してあったに過ぎません。

しかし、江戸時代を通過することにより家の宗教として定着した現代のあり方は異なる問題をはらんでいるように思います。ある家は○○宗派であるとします。そこへ××宗派の布教師が布教（信者獲得）を試みます。その家で一番狙いやすい人物は一番の弱者であるお嫁さんでしょう。守備よく布教師が布教（信者獲得）に成功したとします。そうすると、その家は、お嫁さん以外は○○宗派で、お嫁さんだけが××宗派ということになります。これは家庭崩壊に向けて楔を打ち込むようなことになるのではないでしょうか。私は大いに問題があると思います。したがって、現代の日本においては、個人を対象に信者を獲得するという行為は極めて慎重に行われるべきだと考えます。

それでは何もしなくていいのかといいますと、そうではないと思います。お寺のお檀家さんは地方では一応安定した形で固まっています。そのお檀家さんたちの数を増やすのが布教ではなくて、お檀家さんたちに仏教のことをより多く知っていただき、少しでも質を深めていただくために住職が努力するというのが、日本の現状に合った布教ではないかと思います。

ついでにもう一つ、私たち住職がすべきことを付け加えさせていただきますと、それは現代日本の子どもたちの問題です。想像を絶する子どもにまつわる事件が日常的に報道されています。これらの痛ましい事件の底に子どもたちの宗教心の欠如が横たわっているのではないかと思っています。戦前生まれの日本人はおじいちゃんおばあちゃんのいる家で生まれましたので必ず仏壇がありました。したがって日常的に仏壇に手を合わせる機会があったのですが、戦後の日本の高度成長とともに核家族が浸透し、そこで生まれた子どもは家庭に仏壇がないため、仏壇に手を合わせる習慣も身に付きません。仏壇に手を合わせようと合わせまいと知れたことではないかと思われるかも知れませんが、幼児期の子どもにとって母親は絶大なものがあります。その母親が仏壇に向かって手を合わせている姿は、偉大な母親よりももっと偉大なものを子どもたちに連想させることでしょう。これが日本の子どもが最初に接する宗教心になるのではないかと思います。今の日本の子ども、いやその子どもを育てている親も、幼児期に仏壇に向かう習慣はもてなかったのではないでしょうか。核家族の家庭に生まれたからです。私たち住職はお檀家さんと日常的に接していますが、いずれもおじいちゃんおばあちゃんだけの家庭が大多数です。

お寺の住職が都会に出て核家族として生活している若いご夫婦と接触する機会はほとんどな

いというのが実情です。しかしそこで子どもは生まれています。その子どもたちに日本人の宗教心を知らず知らずのうちに身につけてもらうためには是非、家庭の仏壇が必要です。おじいちゃんおばあちゃんからお若いご夫婦に簡単な仏壇でいいのですから、是非贈って下さるよう勧めることは、私たち住職のやるべき仕事かと思います。おじいちゃんおばあちゃんにあってもお孫さんに日本人の心を持った人間に成長してもらうための大切なことかと思います。

私はそのような思いも込めて毎月一回法話を書き、月命日（月忌）のお勤めに伺った折にその月分の法話を置いてくることにしました。昭和五十八年から始めましたので、いつのまにか二十年が過ぎました。ただ今では県外在住の若夫婦の檀信徒にも郵送するようにしています。

このたび、縁あって誠信書房より法話をまとめて本にしてはどうかというお誘いをいただきました。ありがたいお誘いと受け止め、お檀家さん以外の方にも読んでもらえそうな法話を選んで編集したものが本書です。何分にも、浅学非才の上に、月一回、思いつくままに書いたに過ぎない法話集です。しかも、二十年という歳月の間に書いたものですから、統一に欠ける上に繰り返しが多く、出版に絶えるものかどうか危ぶみましたが、できる限り手を加え、少しでも読みやすいものにしようと心がけたつもりです。仏教や今日の世相に関心をお持ちの読者の皆様方に何ほどかのお役に立てば望外の喜びです。

目次

第三部　如実知見　97

第六章　宗　教　97

第七章　仏　教　111

本文扉挿画　木村智子

第一部

柳緑花紅

第一章　生　活

男の子の話

いつか、ある老憎とお話をしておりましたら、とてもいい話があるからと言ってこんな話をして下さいました。

「街角の小さな公園で三歳くらいの男の子が一人で遊んでいたそうだ。男の子は急におしっこがしたくなったらしく、あたりをキョロキョロして砂場にしてしまったそうだ。おしっこを終えた男の子は何を思ったかチョコンとかがむと、おしっこで堅くなった砂をかわいい両手でつまみ上げ、お団子でも作るように何やら作って、自分の前に置いたそうだ。しばらくすると両手を合わせて〈のんのんさま――〉と言って、ちょこんと頭をさげたそうだ。どうやらおしっこの砂で作ったものはお地蔵さんだったようだなあ」

老憎はとてもうれしそうにこの話をして下さいました。本当にほほえましく、清々しい話だと思います。せっかくの話に蛇足を加えては申し訳ありませんが、少しばかり私の感想も申し述べて見たいと思います。このような話は誰もがほほえましさ、清々しさを感じられることでしょう。どのような点がそう感じさせるのでしょうか。男の子が小さな両手を合わせる姿ももちろんでしょう。おしっこはきたないとか、おしっこの砂でつくったようなものはお地蔵さんじゃないといった、大人の窮屈な考えがその男の子にはちっとも見られない点を見逃してはならないと思います。

味噌糞一緒では社会生活はなりたちません。でも、窮屈な考えばかりにしばられていても自由でのびのびとした生活はないように思われます。この男の子のような、何にもとらわれない、くったくのない心も大切にしたいものと思います。

国際化時代の旬

ご承知のように、日本は北半球にあります。そして、赤道と北極の中間あたりに位置していますから、四季がはっきりしていて、気候的には大変めぐまれています。食べ物にしても、春には、竹の子・ふき・わらびなどいろいろな山菜が楽しめます。夏には、なす・キューリ・カボチャ・トマト・キャベツなど野菜がいっぱいです。秋から冬にかけては、さつまいも・白菜・人参・玉ねぎ・大根などのほかに松茸をはじめとするいろいろなきのこが楽しめます。それぞれの季節を知らせる食べ物を旬といいますが、いろいろな旬を楽しめる日本は天国だといえるでしょう。ところが、今の日本は何でも経済優先ですから、野菜も商品価値を上げるためにビニールハウスで年間栽培されています。スーパーに行けば、キューリやトマトがいつでも並んでいますので、今の子どもはそれらが本来いつごろできる野菜なのかを知らないとよくいわれます。なんとも困った話だと思っていましたら、テレビでニュージーランドのニュースを見て考えこんでしまいました。ご承知のようにニュージーランドという国は日本と反対側の南半球にあり、緯度も日本と同じくらいですから気候もよく似ているようです。でも、日本が夏のときはニュージーランドでは冬で、日本が秋のときは向こうは春というように、季節がちょうど反対です。そのニュージーランドで日本向け高級野菜の栽培を始めたというニュースでした。日本原産の「みょうが」だとか、特に「わさび」の栽培を大規模に始めたということです。ニュージーランドでは、日本からいえば季節外れのものが、ビニールハウスではなくて、大自然のもとで、大威張りで作れることになります。それを日本に運べば、日本には旬は無くなることになりましょう。地球規模でなされる国際化には、旬という感覚まで無にしてしまう力があるようです。なんとも不気味な感じではありませんか。

エジプトを旅行した女子学生

この夏、エジプトを旅行した女子学生がレポートとして提出してくれたエジプト旅行の感想文の一部を紹介します。そこで彼女が述べていることは、イスラム教の国に入って感じたカルチャー・ショックと、それによって考えさせられた諸々のこと、特に女性に関する事柄です。彼女はエジプトへ行く前は、イスラム教と言えば、一夫多妻制で、一日に五回もお祈りをし、女性が外出する時はベールを着用しなければならないなどのちょっときついイメージがあったそうですが、直に接して見聞を深めてみると、それらの習慣・風俗が始まった時代背景など、それなりの理由があり納得できそうだと述べています。さらに、問題を自分自身に引き寄せて、日頃から、専業主婦にはなりたくないし、自分一人くらいは自分で養いたいと考えていたそうで、このような考えは、社会に出て働くようになると、自然に男性には負けたくないという感情が湧いてくるだろうとも述べています。こういう思いをエジプトのイスラム教徒の女性に話したそうです。するとその女性から「女性を必要とする仕事に就くのはよいが、そうでない仕事には就くべきではない。なぜなら、アラーの神に死んでから聞かれることは、どんな仕事をしたかではなく、どのような子どもを育てたか、どんな生き方をしたかなのだから。日本人は収入がないと仕事とは認めようとしないが、主婦も立派な仕事であることをわかってほしい」と言われたそうです。そう言われて、彼女は、主婦というものを低く見ていた自分を見透かされたようだと述べると同時に、「日本では確かに専業主婦の地位は低いと思う。人びとの意識のなかでも、社会においてもそうだと思う。だからこそ、女性の社会進出問題よりも、専業主婦に対する私たちの意識改革の方こそ、今、必要なのだと思う」とズバリ述べています。

自分の足で実際に異国を訪れ、自分の力で見聞を広めた自信が素直に考える勇気を与えているのでしょう。

ある若いアメリカ女性の話

先日、山口県徳佐・船方農場の理事長さんと同席する機会がありました。船方農場というのはなかなかユニークな農場のようで、経営よりも都会の人びとに田舎を提供することを第一に考えているそうです。いろいろお話を伺っている内に、その農場で働いているアメリカの若い女性の話になりました。あるとき、三十名くらいの校長先生の団体研修会がその農場であったとき、その若いアメリカ女性に話をさせてみようということになったそうです。そのときの彼女の話というのがなかなか面白いのです。彼女いわく、「私が日本に来て感心したことは、日本の子どもたちは小学校にあがるや最初の日から友達同士になり、家に帰るとお母さんに何々ちゃんの所へ遊びに行ってくると言うと、その友達の家が二キロ近く離れていても、お母さんはにこやかに行ってらっしゃいと手を振る。親と子が本当に信頼し合っているし、日本の治安も良いからでしょう。こんな日本が好きだから私はきっと日本で結婚するでしょう。でも子どもが中学校に入る頃にはアメリカに帰ろうと思う。なぜなら、子どもが中学生くらいになると、日本の母親は急に目がつり上がり、勉強々々の世界に突入するからだ」と言うのです。これは日本のいじめや登校拒否の根本原因が何処にあるかを教えてくれているような話ではありませんか。

龍谷大学教授で仏教カウンセリングの研究と実践を長年続けておられる西光義敞氏も、同氏の著書のなかで、「子どもが登校拒否をしたとき、どうしても行かせようとしたり、その理由を問いつめたり、学校が悪いからだと決めつけて改善を要求したりすることは、第一の解決策にはならないでしょう。そうではなくて、子どもへの敬意と信頼の情をこめて子どもの心を聞いてやり、その感情を理解してやることこそ大切です。子どもの心を無視し、ある行動を強制することは、子どもを人形にすることに外なりません[2]」（要約）と述べておられます。

お願いのエチケット

明治初年に弊山（海潮寺）に合併され地蔵堂だけが残る保福寺は海潮寺十三世白岩良伝和尚（?～一六三五）の創建になるお寺で、三百五十年以上の歴史を持っています。この保福寺の地蔵堂にお祀りしてあるお地蔵さまは「身代わり地蔵尊」と呼ばれ、伝説も伝わっているほどに霊験あらたかなお地蔵さまとして知られており、今なおたくさんの人びとの信仰をあつめ、毎日、線香の煙の絶えることがありません。

お地蔵さまはまことに慈悲深い仏さまでして、私たちがたとえ地獄に堕ちても、わざわざ地獄までやって来て私たちを救って下さる仏さまといわれています。ですから錫杖《しゃくじょう》を持った旅姿をしておられるのです。また、お地蔵さまは「願王地蔵菩薩《がんのうじぞうぼさつ》」と呼ばれるように私たちを救うためにたくさんの誓願を立てられました。そのようなお地蔵さまですから、お地蔵さまに心を込めてご供養申し上げると、家内安全、心願成就、災難消滅、延命長寿、五穀豊穣、先祖生天、神仏加護などたくさんのご利益があると『地蔵本願経』に説かれています。お地蔵さまはこのように慈悲深いお方ですから、どんな無理難題な願いでもかなえてやりたいと思われますが、しかし、お願いするときのエチケットがあるように思うのです。それは、本当に困ったときのお願いかどうか、わがままなお願いではないかどうか、よく心してみることです。もし、わがままなお願いのような気がしたら、もっともっと困っている人びとのことを思い起こして、その方々をまず救って下さるようお願いしてから、その後に自分のお願いを申し上げるようにしたいものです。お地蔵さまはきっと喜んで下さることでしょう。

迷惑をかけないとは

いつだったか、テレビを見ておりましたら、ある奥さんが子どものことでアナウンサーにマイクを向けられていました。その奥さんは「人様に迷惑だけはかけない人間になってほしいと思います」と答えていました。その奥さんが「迷惑をかけない」という言葉にどんな意味を持たせていたのか分りませんが、その時の印象では「人様を傷つけたり、人様の物を盗んだりしないこと」のように受け取れました。この奥さんは恐らく謙遜してそのようにおっしゃったのでしょうが、子どもの将来を語るとき、「迷惑をかけない人間」になってほしいと言うのは、私にはどうしてもひっかかりました。と言いますのは、迷惑さえかけずに生きれば、それが善良な生き方だ、という考えがあるように思えたからです。

人を傷つけたり、物を盗んだりすることはもちろん論外ですが、私たちが日常生活を送る限り、人に迷惑をかけることは避けられないことだと思うのです。例えば、些細なことで、借りたものを返し忘れたり、約束の時間に遅れてしまったり、数え上げればきりがないでしょう。第一、この私が生きていること自体が他人の生活する権利を確実に少なくしているわけです。ですから、私たちはお互いに迷惑をかけあって生きているというべきで、「迷惑をかけない人間」になんかなれっこないのです。迷惑をかけない人間になるというのではなくて、かけられた迷惑を許せる人間に、言い換えれば、思いやりのある人間になるべきだと思うのです。

「迷惑をかけない」という言葉はとても冷たく、突き放した感じがします。そして、偉い人かも知れませんが、利己主義的な人を連想します。それに引き換え、「思いやりのある人」というのは、自分が他人に迷惑をかける人間であることをよく知っている人であり、皆と一緒に生きたいと思う温かい人であると思います。もしも、お子さんがどんな人間になってほしいですかと聞かれるようなことがあったら、「思いやりのある、温かい人間になってほしい」と胸をはって答えることができるようになりたいものだと思います。

小金井かいわい

先日、テレビを見ていましたら、「小金井かいわい」というグループが紹介されていました。どういうグループかといいますと、四十名くらいの中年婦人のグループですが、二十四時間体制でどんなことでも対応しますという扶助団体です。子育てが一段落し、時間的に余裕のできたご婦人たちが、女として生きがいのある人生を自分たちで造っていこうというのです。一人住まいのお年寄りはささいな事でも行きづまってしまいます。そんなとき、電話一本で会員がすぐ飛んで行き、手助けするという活動です。お年寄とは限りません。旅行中のペットの世話や大掃除の手助けや帰りが遅いので子どもの食事を頼むとか、生活のなかにはいろいろな問題があるものです。これらの事に電話一本で対応しようというわけです。ただし、ただではありません。東京の「小金井かいわい」では一時間当たり千二百円（夜間は千五百円）いただくのだそうです。会員はそれによってお小遣いを貯めることができ、頼んだ人も途方に暮れるところを助けられ共に喜ぶというわけです。ご婦人が二十四時間体制ですから大変ですが、頼む人もあらかじめ登録しておき、毎月五百円の会費を払うことになっているそうです。ですから、電話をかけてきた人がどんな人か判っているというわけです。

私はこの放送を見たときに、この活動はお寺でできるのではないかと思いました。お寺とお檀家さんの関係を利用すれば、困ったときお寺に電話していただいて、お寺からふさわしい扶助会員に連絡をとり、困っているお宅に行ってもらうというシステムです。実際に始めるとなると、いろいろな処理すべき問題がおこるでしょうが、お寺とお檀家の関係を現代にいかせる良い活動ではないかと思った次第です。

「地獄と極楽」の話

「地獄と極楽」という話がありますが、法話によく使われますのでお聞きになった方も多いことと思います。すでにお聞きの方も少し我慢してお付き合いいただきたいと思います。

まず、地獄からお話しいたしましょう。地獄というのは、この世で悪い行いをした人が死後に行く所だといわれています。そしてそこはいろいろな苦しみが満ちあふれているとされています。しかし、地獄の様子を見てきたという人の話によりますと、地獄にもすばらしいご馳走のお膳が並ぶときもあるのだそうです。そして、地獄の住人がそのお膳について整然とならんでいるのですが、かわいそうなことに誰もそのご馳走を食べることができないといわれます。実は持っている箸が一メートルもあり、ご馳走をつまんでも箸が長すぎて食べることができないのだそうです。一方、極楽に行ってみると、ご馳走のお膳や一メートルもある箸は地獄と全く同じなのですが、極楽の住人は長い箸でつまんだご馳走を自分の口に入れずに、自分の向かい側にいる人の口に入れて、お互いに食べさせあって、ニコニコ食事をしていたというのです。

この話はもちろん作り話ではありましょうが、私たちの日常生活を反省させる良い話だと思います。仏教では「智慧」ということを説きますが、この極楽の住人はまさにその智慧を持っているると言えるでしょう。

仏教で言う智慧とは、自分のことばかりを考えずに相手のためになることをしよう。そうすれば、相手だけでなく自分にも振り返り、結局、皆が明るく楽しく生きる事ができるようになることだと教えています。そうは言っても、極楽の住人のようにはなかなかいかないわとお考えかも知れません。しかし、私たち日本人は、宴会の席などたくさんの人と一緒にお酒を飲むときには、自分の杯にはつがずに必ずまわりの人の杯に酒をついで飲みますが、あれは極楽の住人と全く同じ事をしていることになるではありませんか。これをもっと日常生活にも広げさえすればよいと思うのです。

お互いにがんばって明るい世界を開こうではありませんか。

停年後の生きがい

停年を迎えられた方が、それまでとても元気だったのにすっかり痩せられてどうされたのでしょう、という話をよく聞きます。それはつまり、停年まで一家の大黒柱としてしゃにむに働き、それによって家庭での「お父さん」の地位を確保し、会社では課長や部長のポストを得ることが男の生きがいであると考えていたために、停年とともに生きがいを失ってしまい、何を生きがいとして生きたらよいのかわからなくなってしまった、ということなのでしょう。停年と心中するような生きがいは真の生きがいであるはずがありません。

そもそも、生きがいとは何でしょうか。私は「生きがい」とは、喜びのある人生のことだと思います。そこで、喜びはどんなときに起こるかと考えてみますと、春間近の時期ですと試験に合格した受験生の顔が思い起こされます。しかし、その一方では不合格者の涙の顔が隠れています。喜びの裏には必ず悲しみが有るのでしょうか。悲しみと背中合わせの喜びは真の喜びと言えるのでしょうか。ここに一つのケーキがあるとします。弟に分けてやれば半分、分けなければ全部食べられます。どちらの「喜び」が大きいでしょうか。常識的には全部食べられる方の喜びが大きいと考えましょうが、しかし、弟のことに思いが及ぶと、ケーキを独り占めすることに後ろめたさを感じます。そして、弟に分けてやって笑顔で食べた方が喜びが大きいことに気付きます。そうなのです。私たちは、実は人に分け与えるとき真の喜びを感じます。分け与えるものは「物」とは限りません。やさしい言葉でも親切な行為でもよいのです。人との交わりのなかで分け与える心、人に尽くす心があるとき、私たちは喜びを感じることができます。停年後に、時間も心もゆとりができたとき、若い頃にはなかなかできなかった人に尽くす人生があるように思います。それまで感じることのなかった喜びを感じることができるのではないでしょうか。

敬老の日に

久しぶりにドラマを見ました。敬老の日（平成五年九月十五日）に放映されたＮＨＫ総合の「チンチン電車」というテレビドラマです。

それは、半分ボケのきたおばあさんの話でした。息子が突然死んだというので家族と共に熊本にお葬式に行くのですが、おばあさんは一番かわいがっていた息子が死んだということがよく分かっていないようです。葬儀の後、主人を失った嫁はすでに実家の親もおらず、老夫婦の面倒をみるといいだしますが、ボケぎみのおばあさんは一人抜け出し駅にやってきます。そして電車に向かって一人で走り出し、危ういところで助けられます。どうやら、住みなれた大阪に早く帰りたかったのです。実は、このおばあさん、半分ボケてはいますが、一人暮らしのお年寄りに乳母車を押してお弁当を届けるという仕事を持っていたのです。その仕事が待っている大阪にとにかく早く帰りたかったのです。

ボケというのは、いい思いをしたいとか、自分を飾りたいとか、といった人間の人間らしい欲望が脱落した状態、そしてそれは、最後のあるいは真実の、人間の喜びだけを求めようとする状態を意味していると言えるかも知れません。おばあさんにとって、それはお弁当を配ることだったのでしょう。人間の真の喜びは、自分が人の役に立っていると実感できるところにあるということを教えているようです。

敬老の日に当たって、単にお年寄りに楽をしてもらうと考えるのではなく、生きがいのある人生を全うしてもらうにはどうしたらいいのかを考えさせてくれるドラマであったようです。

生かされている世界

私たちが住んでいる世界は、「生きている世界」と「生かされている世界」という二重構造になっているように思います。「生きている世界」というのは、上は、人間として崇高な目標を持ち、その目標に向かつて努力邁進する生き方から、下は欲望に流され、度を過ごして罪を犯してしまうような生き方まで、良くも悪くも、いわゆる人間的な生き方であり、「意識」の世界であります。一方、「生かされている世界」とは、あるがままの世界であり、この世に生まれ、少しずつ年を取り、その間に病気にもなり、やがて死んでいく世界、人間の「意識」とは無関係な世界です。「意識」以前の世界ですから、人間の「思うままにならない」世界でありま す。私たちは、このあるがままであり、思うままにならない「生かされている世界」のなかに命を与えられているにもかかわらず、「意識」（自我）によって「生きている世界」をつくりだし、それがすべてだと思って悪戦苦闘しているわけですが、ふと「生かされている世界」に気付くとき、大きなものに包み込まれた安心感に浸るのではないでしょうか。これが宗教の世界ではないかと思います。例えば最近のスポーツニュースを例に取りますと、近鉄の盛田投手は脳腫瘍（発覚当時直径五センチ）で選手生活が危ぶまれました。しかし、手術のあと、復帰したいの一念で二年間もの厳しいリハビリに耐え、見事一軍昇格直前までこぎ着けました。そのときのインタビューに「やっとスタートラインに着くことができました。これからは楽しんで投げたいと思います。また、感謝して投げたいと思います」と淡々と述べていました。復帰したい一念で二年間もの厳しいリハビリに耐えたのは「生きている世界」のことでしょう。しかし、「感謝して投げたいと思います」という言葉は、「生かされている世界」を感じ取った人の言葉だと思います。人間が上手に生きるためには、盛田選手のように、「生きている世界」と「生かされている世界」の両方の世界のバランスをうまくとることができれば、上手に生きることができるようになると思うのです。

減速の美学

ドイツにＢＭＷという自動車メーカーがあります。私はＢＭＷに乗ったことはないのですが、五木寛之氏はその乗り心地について、「あの車は減速のタッチが素晴らしいのです。ブレーキを踏んだときに、まず、グウッーと後ろから襟首をつかまれるような心地よい快感があって、それから、ビロードの布の上をすべりながら徐々にスピードを落としていくような感じがします。この感覚が非常に素晴らしい[3]」とある本に書いていました。車はアクセルだけだと危険きわまりないわけで、ちゃんとブレーキが付いています。いわゆる「制御」です。各種機械類には必ず制御器が付いていますし、原子力発電の制御棒などがあります。お医者さんの世界では、人の一生がしばしば空の旅に例えられるようです。出産が離陸に、思春期までの成長が離陸後の上昇に、青年期・壮年期が水平飛行に、中年から初老期にかけてが着陸に向かって高度を下げ始める頃に例えられます。そして人生の最後が着陸だとすれば、誰もがスムーズでショックの少ない軟着陸を望むことと思います。パイロットの腕の見せどころです。普通は、このパイロットがお医者さんの例えになっていますが、私はむしろ死に行く人自身の例えにしたいと思います。軟着陸は死に行く人自身がするものだと思っているからです。ところで、人生を離陸から着陸までの飛行に例える考え方についてですが、飛行機が最も安定しているのは水平飛行のときではなく、着陸が完了し地上に停止しているときのはずです。そして、人生を飛行に例えるこの考え方全体が、飛行機が地上に着陸していて最も安定した時点をベースに考えられているところがとても素晴らしいと思うのです。私たちは死を忌むべきものと考えていますが、それは死が墜落だと思っているからではないでしょうか。死こそ、自然に帰った最も安定した着陸状態に相当します。墜落か軟着陸かは、死すべき私たち自身の腕の見せどころというべきでしょう。そして、普通に死ぬときは臨終前に徐々に意識が無くなるわけですから、いずれも軟着陸のはずだと思います。ただ、元気なときに自らの死を軟着陸に描ける「減速の美学」を持つ人にのみ、安らかな死のおとずれを思い浮かべながら、身近な人たちと最後のお別れの挨拶がきちんとできて、そして、真の安らかな死を迎えることができるのではないでしょうか。日頃から減速の美学を心がけておきたいものと思います。

カレンダー

師走に入り、今年も押し迫りました。この時期には多方面からカレンダーをいただく時期でもあります。世界最高の印刷技術を駆使した超豪華番のカラー写真カレンダーから昔ながらの日めくりのものまで、もらいすぎてもったいないから海外に住む日系人に日本のイメージを楽しんでもらおうと、これらのカレンダーを送る運動もあると聞きます。

ところで、このカレンダーについて日頃感じています不満を少々述べてみたいと思います。と言いますのは、日めくりのものはよいのですが、月ごとにめくるものが気になるのです。どのカレンダーも曜日が日曜日から始まって土曜日で終わっています。しかし、私たちの実生活の感覚から言いますと、一週間というものは、月曜日から始まって土曜日まで働き、最後の日曜日は一週間の疲れを癒《いや》すために休む、というのが私たちの感覚だと思います。実際に、土曜・日曜あたりを意味する「週末」という言葉もあるではありませんか。それなのにカレンダーの一週間が日曜日から始まっているのは、もちろん、日曜日がキリスト教の安息日であり、この形式のカレンダーが向こうから入ってきたものだからでしょう。日曜日はイエス・キリストが復活した日の曜日であり、したがって、キリスト教ではこの曜日を聖日とし、仕事を休んで祈りを捧げる日としたのです。我々日本人は、キリスト教徒でない限り、この聖日は預かり知らぬところであり、一週間はやはり、休みから始まるのではなくて、今週もがんばろうという気持ちのもてる月曜日から始まるとするのがなじみやすいと思うのです。カレンダーは日曜日から始めなければいけないという法律があるわけでもないでしょうから、どなたか月曜日から始まるカレンダーを作って下さらないでしょうか。きっとヒットすると思うのですが。

第二章　社　会

人口爆発

米国政府人口統計局によると、世界の人口は西暦元年には一億人であり、西暦一〇〇〇年には二億人、一五〇〇年には五億人、一九〇〇年には十五億人、そして西暦二〇〇〇年を直前にした現在（一九九七年）は五十八億人というように急激に増加しており、これを人口爆発といいます。この人口爆発は途上国において起こっていますが、その真相はどうなのでしょうか。

自給自足の社会では、貧しくても人口は安定しているとされます。必要以上の食糧の供給がなければ人口は増えないからです。ということは、人口爆発を起こしている途上国には必要以上の食糧が供給されているということになるでしょう。その人口爆発を起こしている途上国のほとんどは、かつて先進国の植民地だったか、現在先進国に資源（熱帯林、鉄、アルミ、石油など）や換金作物（コーヒー、ゴム、コショウ、タバコなど）を輸出している国々だといわれています。このような輸出によってお金が入ると食糧の供給が増え人口も増えます。人口が増えると、より多くのお金が必要となり、無理して輸出を増やします。この悪循環によって、最後には資源の枯渇と環境破壊がもたらされ、荒れ果てた土地に餓死寸前の人びとがあふれている映像がテレビに映し出されることになります。そして「人口爆発の原因は貧しさです」と説明が付いたりしますが、本当はそうではなく、右の如く、先進国によって、途上国の「人口爆発」と「貧しさ」とが共に作り出されたというわけです。この先進国と途上国との関係が続く限り人口爆発は止まりません。国連の予測では「二〇五〇年には百億人」とのことです。このままでは、食糧、水、エネルギーの絶対的不足などで、人口が百億人に達する前に世界は崩壊するといわれています。遠い未来のことではありません。今の子どもたちが一生を終えるまでに起こることなのです。因みに、先進国の筆頭集団に日本がいることを忘れてはなりません。

むさぼらぬ

世界銀行報告によると、世界の栄養不足人口は七〜八億人もいるそうです。その同じ世界に穀物の収穫は年間十八億トンもあるそうで、これは百億人以上の人間を養って余りある数だそうです。世界の人口は数年前（一九八七年）に五十億人を超えたところですから、二倍の余裕が有る計算になります。それなのに、七〜八億人もの栄養不足人口がでるというのは一体どうなっているのでしょうか。

その理由の第一は、先進国の我々の飽食・肉食があげられるということです。食肉獲得のために、膨大な量の穀物が家畜の飼料として消費され、人間の口に入る穀物がその分減るというわけです。穀物の話ではありませんが、ついでに申し上げると、日本人はアフリカまで出かけて行って、イワシを食べたいと思っているアフリカ人を尻目に大量のイワシをとって、豚の飼料として持ち帰り、それを豚に与えて、豚肉に変わったときは六分の一のタンパク質に減っているという例もあります。第二は、途上国においては、自分たちが食べるための食料生産よりも、先進国へ輸出して換金するための食料生産の方が多くなってしまい、結局、自分たちの口に入る分が足りなくなってしまうのだそうです。そのほかにもいろいろと理由をあげることができましょうが、つまるところ、先進国の我々が贅沢三昧しているところに原因があると言えましょう。

道元禅師の言葉に「布施《ふせ》というはむさぼらざるなり」とあります。また、昭和の禅者、澤木興道老師にも「むさぼらぬという一事をもって十方に供養す」というのがあります。困っている人へ手をさしのべることは必要でしょう。曹洞宗ボランティア会（「社団法人シャンティ国際ボランティア会（SVA）」の前身、一九九九年に改組）でもカンボジア難民へ「慈愛の古着運動」を行っています（古着が豊富にある事自体問題なのですが）。しかし、その前に、我々自身が「むさぼらぬ」ことによって、世界の多くの人を救うことになるのだという事をもう一度考えてみる必要がありそうです。

ゴミ問題

日本では、一日に一人当たり約一キログラム、日本全体で年間約五千万トン（東京ドーム約百三十五杯分）のゴミを出しているといわれています。「産業廃棄物」にいたっては実にその八倍といわれていますから、気の遠くなるような量ですが、さらに気が遠くなりそうなのは、日本のゴミの最終処分場は、あと数年でいっぱいになり、特に首都圏では、現在の埋め立て地が今年（平成九年）九月でいっぱいになるといわれていることです。いったいどうしたらいいのでしょうか。

昔は、と言っても戦後のことですから、ついこの前のことと言ってもいい訳ですが、「もったいない」という言葉が生きていました。この言葉が死語化するにつれてゴミ問題が表面化してきたのではないかと思われます。そして、その過程のなかに高度経済成長期の経済第一主義があったのではないでしょうか。その頃の笑い話にこんなのがあります。教室で、先生が生徒に紙を配りました。ある生徒の紙が風で飛んで床に落ちました。その生徒が新しい紙を要求したので先生は、ほとんど汚れてないのでその紙を使うように言ったところ、生徒は、新しい紙をどんどん使ったほうが紙の生産労働者は喜びます、と言ったというのです。

日本のゴミ問題がパンク寸前にまでなるのは、ゴミ処理が自治体の責任とされ、市民がひと事のように考えている点が大きいのではないかと思います。環境先進国といわれるヨーロッパでは、ゴミ処理は受益者（市民）負担、製造者（企業）責任という考えが浸透し、市民も企業もできるだけゴミを減らそうと努力するそうです。

岐阜県御嵩町で産業廃棄物処理施設の建設の是非を問う全国初の住民投票が行われ、投票率が八七・五〇パーセント（結果は全有権者の七割が反対）と極めて関心の高かったことを示しましたが、さらに、ゴミを出さない生活スタイルの追求こそ、ゴミ問題の本質であることを肝に命じたいと思います。

少年犯罪に思う

近年、少年の犯罪が目立って多くなりました。特に今年（平成十二年）は十七歳の少年の殺人事件が立て続けに起りました。学校帰りに見知らぬ主婦を惨殺した十七歳。十五時間にわたるバスジャックの末、六十八歳の主婦の命を奪った十七歳。金属バットで母親を殺した十七歳。彼らが殺人という凶悪犯罪に及んだ直接の原因はそれぞれでありましょうが、その根底に共通の何かがあったように見受けられます。主婦殺しの少年は一歳半のとき両親が離婚し、父親はいたものの祖父母が両親がわりで、特に祖父は厳しかったようです。何の関係もない主婦を惨殺することによって、厳しかった祖父母たちを殺人者の家族という烙印を押して仕返しをしたかったのではないかという観測もあるようです。金属バットで母親を殺した少年は、同じ仲間の野球部員を学校で大けがをさせた後、自宅に急行して療養中の母親を殺害していますが、逮捕後の供述では「親に迷惑がかかると思ってやった」と言っていたものの、その後の調べで母親殺害は以前から計画していたらしいことが明らかになり、少年は殺害の理由を母親の過干渉がうるさくてたまらなかったと供述し、押収されたノートには、母親の実名入りで「狩った」という記述まであったそうです。

親が子を思う心は今も昔も変わらないと思います。昔は尊敬する人として親を挙げた子どもも結構いたように思います。今は、子への親の思いをうるさいと思い、はね除けたいと思うというのは、一体何がどう変わったというのでしょうか。

一つには少子化という問題もかかわっているのではないかと思います。バスジャック少年は妹が一人いたようですが、あとの二人は共に一人っ子のようです。子どもが一人だと親の期待はいやでもその子に集中します。期待があまりに過剰だと子どもはうるさいと思うようにもなるでしょう。また、一人っ子だと、生活全体が至れり尽くせりですから、兄弟にもまれて成長するということもありません。うるさい親に対しても我慢するという心も育ちようがないわけです。少年犯罪に対して直接の対策ももちろん大事ですが、その遠因となっているであろう少子化問題に対しても、もっと真剣に考える必要があるでしょう。急がないと取り返しがつかなくなる重要な問題です。

少子化対策

今年（平成十二年）七月十四日に発表された厚生省の国民生活基礎調査によると、「生活が苦しい」と答えた人は、子どものいる世帯では六割を占めたそうです。全体平均で五三パーセント、高齢者世帯では四六パーセントですから、現代の日本での子育ては大変しんどいことになります。ついでに一世帯当たりの年収で見ても、全体の平均が二百二十三万円、高齢者世帯が二百十一万円なのに対し、子連れ世帯は百七十一万円しかありません。母子だけの世帯だと、わずか八十八万円になるそうです。これでは、今の日本の社会は「子どもを産むな」と言っているようなものでしょう。このような数字を見る限り、既婚女性が仕事を持つようになったから、教育にお金がかかるから、といった単なる親の都合で少子化現象が起こっているのではないことが明らかです。やはり政治の問題として考えるべきかと思います。

そこで、「子を産み育てる女性に国家的支援を」と訴える儒教に造詣の深い加地伸行氏（甲子園短期大学学長・大阪大学名誉教授）の提案を『家族の思想』[4]よりご紹介いたしましょう。

加地氏は、「平成十年の時点で月額五千円の子どもへの手当が出ているが、はした金で問題にならない」とうち捨てられます。そして、「第一子に三万円（あるいは二万円）、第二子に四万円（あるいは三万円）、第三子には五万円、第四子以下には各一万円を、満十八歳の年度末まで、毎月支給せよ」という仮称「寿手当」を提案しています。これは、少子化に歯止めをかける長期的政策であると同時に、子どものための消費としてただちに経済の場に出てくるので、景気浮上につながる短期的政策でもあると自信満々です。問題は財源ですが、寿手当の平均を五万円と見て年間六十万円、支給対象世帯を二千万世帯と見ると、年間十二兆円です。これを賄う財源として国債（仮称「寿国債」）を十八年間発行し、かわりに公共投資用の国債は廃止する。併せて財政再建の努力もする。そして十八年後から、毎年の世代が百八十万人から二百万人に迫る人口増となって登場する。もちろん、それまでの十八年間に、毎年十二兆円の寿手当の内需が日本経済の景気回復をうながし、十八年後には二百万近い新労働力が社会を支えていくという筋書きです。これは経済だけの問題ではありません。少年犯罪をはじめとする日本の社会の歪みを正す基礎作業となるものと思います。傾聴に値する提案ではないでしょうか。

禁煙と断煙

五月三十一日は世界保健機関（ＷＨＯ）の総会で決まった「世界禁煙デー」なのだそうです。それで、日本の厚生省も一日禁煙をしたそうですが、執務室は午前・午後の各二時間だけ禁煙をしたそうで、『毎日新聞』「余録」欄では「きっとたばこを吹かしながら、禁煙対策のあの手、この手を考えようというのだろう。パートの禁煙デーである」と冷かしていました。

最近はあちこちで「禁煙」の標示を見掛けますが、映画館などの禁煙標示は、火災予防条例によって義務づけられているそうですから、禁じているのはお役所で、お役所という他者の命令で吸えないから「禁煙」なのです。しかし、厚生省の場合は、WHOに右倣えしたとはいえ、煙草は健康によくないから自分の意志でやめましょう、という運動を推進する目的で「一日禁煙」をしたというのでしょうから、これは「一日断煙」というべきかと思います。昔から、何かに願をかけ、「茶断ち」「塩断ち」「○○断ち」と言って自分から何かをやめるときは「禁」ではなくて「断」という字を使ったのですから、煙草の場合も自分からやめるのであれば「断煙」でしょう。ただ、間違った「禁煙」という言葉の使い方で責められるのは、なにも厚生省だけではなく、一般に間違った使い方がなされているようですから、日本人全体が責められるべきかもしれません。

「禁煙」の英語は no smoking ですが、「(自分で）禁煙する」という変な日本語も実は和英辞典にありまして、give up smoking と出ていました。しかし、この英語は正しく「断煙する」を意味しているというべきでしょう。このように英語では「自分の意志ですること」と「他人に言われてすること」の区別が明確にあるのですが、日本人はこれをごちゃごちゃにして、最近では、自分からすべきことを他人に言われて初めてやりだすというケースが外交姿勢にまで見られるというのはいかがなものでしょうか。

ガンジーの七つの言葉

先般、ある知人から一枚のコピーを頂きました。そこには、インド独立の父ガンジー（一八六九〜一九四八）の言葉が記されていました。それは、ラージガートにあるガンジーの碑文に刻まれた『七つの社会的罪』（Seven Social Sins）と題するもので、「理念なき政治（Politics without Principles）、労働なき富（Wealth without Work）、良心なき快楽（Pleasure without Conscience）、人格なき学識（Knowledge without Character）、道徳なき商業（Commerce without Morality）、人間性なき科学（Science without Humanity）、献身なき信仰（Worship without Sacrifice）」という七つの言葉です。頂いたコピーには「マハトマ・ガンジーのこの魂の箴言《しんげん》は、人類への普遍的な問いかけである」と付け加えられていました。私はガンジーのことはよく分かりませんので、右の言葉の正しい意味の解説などはとてもできませんが、これらの言葉を眺めて私なりの感想を述べてみたいと思います。

まず、「AなきB」の「B」には、政治、富、快楽、学識、商業、科学、信仰という言葉が並んでいます。これらの言葉は、表題に「社会的罪」とあるように社会と関わりのある言葉のようです。そしてその「B」が「Aなき」状態のとき「罪」となるという訳でしょう。「B」

が社会に関わる言葉であるのに対し、「A」はここではより個人に関わる言葉のように思われます。と申しますのは、ガンジーは「非暴力」（アヒムサー）を唱えたことで有名ですが、この言葉は何もガンジーが始めて唱えたのではなく、ヒンドゥー教では古くから最高の徳とされていました。ただし、それは個人の行動に関するものであるという違いはあったのです。ところがガンジーはその原理を共同体と国民の問題に適用したのでした。すなわち、個人原理を基盤に社会原理を考えたというわけです。そのような方向性があるとすれば、「A」の理念、労働、良心、人格、道徳、人間性、献身は、より個人に関わる言葉と理解できそうです。そこで七つの言葉に返りますと、確かな理念を持つことなく票の獲得を政治と考えたり、労働もせずに富を稼ごうとしたり、良心をなくして快楽に耽ったり、人格をみがくことなく学識だけを振りかざしたり、道徳的考えを持たずに法の網をくぐる悪徳商業行為をしてみたり、人間とは何かを考えることもなく科学技術を暴走させてクローン人間を作ろうとしたり、自分を顧みず神に仕える信仰ではなく願望成就だけの信仰を煽《あお》ったりするなどのことが、如何に社会に害を流すかを教えた言葉と理解できましょう。皆さんはどのように理解されましょうか。

釈尊の「いじめ対策」

元教師という方とお話をしているなかで「いじめ」のことが話題にのぼりました。その元教師の方は「新聞・テレビでは〈いじめ〉はなかなか把握しにくいと報道されていますが、先生がその気になれば、子どもの方から言って来ます。先生のそんな態度が子どもたちに判ると、自分のクラスの子どもだけでなく、他のクラスの子どもも言って来ます」と話しておられました。その方の話しぶりからすると、いじめの把握が難しくなっているのも、先生が子どもたちよりも学校や父兄を気にしすぎておられるからかも知れません。

仏教の開祖、釈尊（ブッダ）の教団にも「いじめ」が存在したようです。これを伝える逸話を水野弘元氏の著書『釈尊の人間教育学』(5)によって紹介しますと、「弟子の一人にマハー・カッサパという比丘がいました。彼は欲をはらうために清貧さに徹する頭陀行《ずだぎょう》を行じ、そのために大変みすぼらしいなりをしていました。だから、彼の真価を知らない比丘たちから軽蔑されることがしばしばでした。このことを知った釈尊は、マハー・カッサパを自分の傍らに呼んで、いろいろな質問を投げかけ、それに対してマハー・カッサパはすらすらと答えました。そこで釈尊は多くの弟子たちの前で〈このマハー・カッサパはみすぼらしい姿をしているようでも、悟りの力は私とほとんど変わらない〉と述べられました。このマハー・カッサパは、頭陀第一といわれる十大弟子の一人で、釈尊亡き後、五百人の阿羅漢《あらかん》（聖者）を集めて仏典編集会議を開き、その議長を務めた人と伝えられています」（要約）。そして、この逸話の大切な点について、水野弘元氏は「周囲から蔑《さげす》まれ、差別されている弟子を身近に呼んで、その弟子の持つ素晴らしさを証明されたことにある」と述べておられますが、そう言えば、いじめ事件で報道された子どもたちには、表向き気の弱そうな所があると同時に、裏には何か秀でた面を持っているケースが多いようにも見受けられます。釈尊の「いじめ対策」は大いに参考になるように思うのですがいかがでしょう。

子どもの遊び、昔と今(6)

先日、日曜雑貨スーパーでの買い物のついでに、熱帯魚コーナーをのぞきましたら、一番端にメダカを売っていました。私が子どもの頃はメダカなんて川で捕るもので買うものではありませんでしたが、今は買うもののようです。珍しさと懐かしさで二十匹ほど、餌と金魚藻と一緒に買いました。早速、庭の大きめの手水鉢で飼うことにしましたが、メダカを手水鉢に移すときコツがあります。手水鉢の水温とメダカの入ったビニール袋の水温とが同じになるまで待って移すのです。ともあれ、メダカは手水鉢のなかで元気に泳いでいました。十日ぐらい経った頃でしょうか、金魚藻に何か着いています。卵かも知れないと、プラスチック製の簡単な水槽を求め、卵らしきものの付着した金魚藻を移しました。翌日見てびっくり、もうメダカがかえっていました。体長5ミリくらいのメダカが泳ぎ回っています。いい大人がメダカを相手に夢中になっているわけですが、子どもに返ったような気分になって、ふと子どもの遊びについて考えてみることにしました。

東京工業大学教授の仙田満さんは『子どもとあそび』[7]のなかで「子ども時代とは人生で最も重要な時代」と述べておられます。その仙田さんは仲間の建築家に子ども時代のあそびについてアンケート調査をされ、「ある建築家が〈私たちの子ども時代は、さまざまな直接体験ができた時代。それに比べ今の子どもたちは、テレビやテレビゲームで疑似体験しかできない〉と心配している」と報告しておられます。「直接体験」とは野外で直接自然に触れる体験をいうのでしょうし、「疑似体験」とはいわゆる「バーチャル体験」、すなわちブラウン管内での体験をいうのでしょう。仙田さんは同書のなかで「育った地域が異なると、全く異なる経験をしているのである。当然のことながら、海に育った子ども、山に育った子ども、町に育った子どもではあそびが違う」と述べておられますが、この自分のまわりの「自然」に合わせた遊び、これが「直接体験」の本質だと思います。一方「疑似体験」の本質は何かと言えば、単にブラウン管内の体験を言うのではなく、たとえば、あるテレビゲームが爆発的にヒットした、という例でわかるように、「人間」の好みの方に合わせた遊びが「疑似体験」の本質だと思います。

子ども時代が人生の重要な時代となるのは、直接体験で自然から何かを学ぶからでしょう。現代社会は「自然」よりも「人間」が優位に立っています。ですから、うっかりすると、人生の内で最も重要な子どもの時代に「人間」の弊害をしこたま飲まされるということにもなってしまいます。子どもたちに殊更に自然の遊びを提供できるよう考える必要がありそうです。

人権と相互扶助

仏教では「縁起」ということを説きます。しかし、「縁起が良い」「縁起が悪い」という場合の「縁起」や「〇〇寺縁起」などは派生的な用法でして、本来的ではありません。本来の「縁起」はブッダの悟りに直結したものとして説かれています。一般に「縁《よ》りて起こること」すなわち「関係性」と説明されていますが、ある「もの」が有って他と関係することではなく、関係性が有ってその上に「もの」が成り立つということです。繰り返しますと、関係性とは無関係にまず「もの」が有って、その「もの」が他の「もの」と関係を結ぶことができるというような考え方が否定され、関係性の上にのみ「もの」は存在し、関係性が無くなれば、その「もの」も存在しえなくなる、ということを「縁起」といいます。この「縁起」の考え方にもとづきますと、「自分が先ず存在して、それから他者と関係する」ということが否定され、「他者との関係のなかに自分が存在する」ということになります。自分がかわいかったら、自分を存在させてくれている他者との関係を大切にするということになります。

先日テレビで、岡山に本部のある国際医療ボランティア「ＡＭＵＤＡ」（アジア医師連絡協議会・菅波　茂代表）の紹介番組を見ました。代表の菅波さんは、国連に表彰されるまでに育った「AMUDA」の苦労話をしておられましたが、そのなかで、国際ボランティア活動については、ヨーロッパ勢が実績を積んでいるけれども、彼らは「人権」という観点で活動を行うが、自分たちは「相互扶助」、すなわち「助け合い」という精神で活動を行う。そうするとアジアの人びとの自尊心を傷つけることなく活動することができ、彼らも心を開いて受け入れてくれる、という話でした。ヨーロッパの「人権」(個人が関係性に優先する）に対して、アジアの「相互扶助」(関係性が個人に優先する）の精神は仏教の「縁起」思想に連なるものがあるでしょう。これからの国際ボランティア活動の在り方を示唆した話だと思います。

第三章　文　化

カタカナ語

最近の印刷物にはカタカナ表記の言葉があふれています。不用意にカタカナを使ってもらってはこまるという投書も読んだことがあるように思いますが、コンピューター関係の世界では九割以上の用語がカタカナですから、まるで文法だけが日本語といった感じです。ところで、カタカナ語は、外国語（主に英語）の単語の意味を無視して発音だけを日本語の文字で表したものですから音写語と言えましょう。したがって、現代の日本語にカタカナ語があふれているということは、音写語が氾濫しているということになるわけです。以前では、音写語であるカタカナ語の使用にはエキゾチックな雰囲気を出すためということもあったでしょうが、現在では、外来語が余りにも多すぎるため、それをいちいち訳しているとかえって混乱を起こしかねないという状況です。実は、千数百年前の中国でも同じようなことが起こったように思います。というのは、紀元一、二世紀のころから数世紀にわたってインドから中国へ仏教が伝えられたときのことです。仏典の翻訳にあたってインド語（サンスクリット語）が漢語に翻訳されました。そのときにかなりの重要な仏教用語が意味を訳さず発音だけを漢字に写すということが行われました。よく知られている例だけをあげても、閻魔《えんま》・和尚《おしょう》・伽藍《がらん》・娑婆《しゃば》・舎利《しゃり》・旦那《だんな》・塔婆《とうば》・涅槃《ねはん》・比丘《びく》・菩薩《ぼさつ》・菩提《ぼだい》・盆《ぼん》・阿羅漢《あらかん》などがあります。日本人は仮名文字（表音文字）を発明しましたので、発音だけを写す場合は仮名文字を使いますが、中国には漢字（表意文字）しかありませんので、同じ漢字が音写のときにも使われたわけです。また、「菩提」(bodhi) は老荘思想（道教）の「道」という言葉で訳されたこともありましたが、却って意味内容の混乱をきたすため「菩提」という音写語が定着しました。千数百年前、仏教思想が中国を覆い尽くした如く、現代の日本は西洋文化の洪水のなかにあるということなのでしょう。

「わかる」ということ

「わかる」を漢字で書きますと「分かる」「解る」「判る」の三通りがあります。これら「分」「解」「判」という漢字はいずれも「わける」とか「ばらばらにする」という意味を持っていますから、「わかる」という言葉には「わける」という意味が含まれているようです。また、私たちが日常的に使う「わかる」の意味として、辞書には「事物の意味、内容、事情、区別などが了解される」(1) と説明されています。それこそわかったようでわからない説明ですが、「事物の」とありますから、「わかる」という言葉には事物という対象があって、それについて「わかる」主体、例えば「私」という人間がいることになりましょう。そして何が「わかる」のかと言えば、事物の「意味、内容、事情、区別など」です。どのように「わかる」のかと言えば「了解」とあります。「了解」の意味は、同じ辞書に「理解して承認すること」とあります。「承認」とは同辞書によれば「正当であると認めること」ですから、了解する側の意志が含まれていることになります。したがって「わかる」とは、事物という対象の情報を一方的に受け取ることではなく、対象の情報と自分が持っている情報とを比べてみて、その結果、一致したときに「わかる」ということになるのだと思われます。以上を総合しますと、「わかる」とは、対象の情報を他と区別し、あるいは情報自体をばらばらにし、それらを自分の持っている情報と比較し、一致点を見出すなどのことによって「わかる」のだということになりましょう。持って回った面倒なことを申し上げましたが、「わかる」とはこのようなことだということを確認していただきたかったからです。

ところで、先般、客人をタクシーで萩の松陰神社から松陰先生誕生地へ観光案内にお連れしました。小高く見晴らしのよい誕生地に着くと、タクシーの運転手さんは「ここに来ると松陰先生がなぜ国禁を犯してまで外国に行こうとしたかがわかりますよ」と得意になって案内してくれました。「ここから萩の町を見て下さい。萩の町が一望でき向こうに日本海の水平線が見えるでしょう。松陰先生は生まれた時からこの景色を見ておられたんですからね。お客さんは皆言われますよ。〈なぜ松陰先生が外国に行こうとされたかがわかった〉て」。この「わかった」は、話の真偽は別にして、先の面倒な解説の「わかる」とは違ってとても感覚的です。人にものをわかってもらおうと思えば、この「わかる」でないといけないなと反省しています。

結婚式のプレゼント

先般、あるお檀家さんの結婚式が弊山の本堂で仏式にて行われました。新婚旅行も無事終わり、新郎新婦がそろつて挨拶に来られました。まあ一通りの挨拶を交わして、特に新婦に次のようなことを申し上げました。それは、ご結婚なさったのだから、あなたは○○家の一員です。これからは○○家の一員として○○家のご先祖様のお世話をよろしくお願いします、というような内容でした。新郎のご両親としては、嫁にもらった早々から自分の家の先祖を大事にしてくれというのは、少々気がひけることかも知れません。住職が式師をしたのですから何の抵抗もなく言えました。お陰でご両親から感謝されたという次第です。仏前結婚式ですからこのような展開にもなつたのですが、一般的にはなかなか難しいことかと思います。

ところで、現代は仕事などの関係で核家族が一般化しています。そうすると田舎の親の家には仏壇が有るが、都会で暮らす若い夫婦の家には仏壇が無いという場合がほとんどのようです。法事があるときは田舎に帰るので別に問題はないと思われるかも知れませんが、仏壇は法事のためだけにあるのではありません。生まれてくる赤ん坊が、物心のつく前から仏壇に向かって手を合わせるという習慣が身に付く場所が仏壇です。それによって他を敬う日本人の心ができるのだと思います。理屈ではありません。昔は大家族でしたから、生まれてくる赤ん坊は必ず仏壇のある家に生まれました。そして母親が毎日仏壇に向かって手を合わせる姿を見ながら、子どもも自然に手を合わせる習慣が身につき問題はなかったのですが、核家族の今の若い夫婦の家には仏壇が無いというのが普通です。

幼児にとって偉大な母親が手を合わせる姿は、さらに偉大な力の存在を知らず知らずのうちに幼児に植えつけることと思います。これが日本人の宗教心となるのではないでしょうか。是非、結婚のお祝いにご両親から若い夫婦へ仏壇をプレゼントしていただきたいと思います。

日本文化の特質

無事に二十一世紀を迎えることができましたが、二十世紀は人類にとって各方面にわたって限界を超えた世紀ではなかったかと思います。そして二十一世紀は、何とか英知を働かせて人類の存続を可能とするか、あるいは英知の発動がならず滅びてしまうか、岐路の世紀となるように思います。岐路の世紀が始まろうとする今、はたして日本は英知を発動しうる可能性があるのかどうか、日本文化の特質を考えて占ってみたいと思います。

アジア史の専門家、宮崎市定氏の『中国古代史論』によると、「紀元前三〇〇〇年頃、西アジアで青銅器の使用が始まり、隣接する地中海諸国はもちろん、インド、中国へと東方にも拡大しました。その後、紀元前八〇〇年頃、同じく西アジアで鉄器の使用が始まり、青銅器を追いかけながら東方に進み、日本には紀元前後頃、青銅器と鉄器がほぼ同時に伝わり、その結果、日本には青銅器時代が存在しなかった」[8]（要約）ということです。世界史的に見て青銅器時代と都市国家時代とは一致するそうですから、日本には青銅器時代がなかったということは都市国家時代がなかったことになり、氏族制度社会から一足飛びに小型の古代帝国が成立したということになるわけです。

都市国家の特質とは何かといえば、文明であります。都市には雑多な人びとが集まりますので、誰にも通用する合理的・普遍的精神が発達し文明をもたらしました。長い青銅器時代を持つギリシャにその典型を見ることができます。しかしその文明の特質について、司馬遼太郎氏はアメリカ製のジーパンを例に、文明には「誰にも通用する性質」としての普遍性に加えて「イカシテイル」という性質があると指摘されています。私はこの「イカシテイル」という性質を「誰もが欲する性質」と表現したいと思います。すなわち文明とは、「誰にも通用する性質」と共に「誰もが欲する性質」を持つということです。そして現代文明の特質は、前者よりも後者の「誰もが欲する性質」の肥大化ではないかと思います。これが環境破壊といった限界超過症候群の発病構造といえるでしょう。日本は幸か不幸か、文明（人間中心型精神）をもたらす都市国家時代というフィルターを通っていないため、青銅器による食料生産革命がなされる以前の、狩猟採集時代の自然共生型精神を色濃く残しているといわれます。それはフランス料理や中国料理に対する日本料理の自然を生かした料理に見ることができ、また庭園についても同じ事が言えましょう。元来の日本文化は文明に侵されていない自然共生型の文化です。二十一世紀の人類に英知を提供しうる文化かと思います。自信を持とうではありませんか。

沈黙の文化

絵本作家の児島まゆみさんは、子どもの頃から日本と米国の二重生活の経験をお持ちだそうですが、先日テレビで次のようなことを話しておられました。

「日本人はどちらかというと話が下手だと言われますが、何人か集まっているとき、日本人だったら話をしていなくても何か温かみがあって安心していられますけど、アメリカ人の場合だったら大変です。少しでも沈黙がありますと殺気だってしまうので、誰かが何かをしゃべっていないといけないのです」と。この違いはどこからくるのでしょうか。アメリカ人の日常生活を私はよく知りませんが、きっとよくしゃべっているのでしょう。その点、日本人は余りおしゃべりの方ではないし、古来、黙っていることに威厳すら認めて来たように思います。もっともアメリカナイズが言われて久しい今日、新人類とやらが如何に話術にたけているかは、残念ながらよく知りません。

児島まゆみさんが言われるように、沈黙のなかにも安心感があってよいのではないでしょうか。むしろ心の落ち着きは沈黙のなかにこそあるはずです。沈黙即殺気というのでは何ともおぞましいように思います。日本の伝統文化は必ず静寂を背景としています。静けさのなかにあってこそ意味を持ってきます。例えば、禅寺の一日はすべて鳴らし物によって動きます。今何時かということすら、鐘の鳴らし方でわかるようになっています。できるだけ無駄口を省くというのがその精神でしょう。茶道でも同じです。動作の仕方の一々がある情報を提供しています。せまい茶室では視覚による情報伝達が可能ですから、鳴らし物まで不要というわけです。例えば、最後に入る客は自分が最後であることを、ふすまを少し強めに閉めることで知らせます。このような日本の伝統文化は「沈黙の文化」と言えるのではないでしょうか。日本人の話し下手にはちゃんと理由があるようです。

循環の思想――縄文文化

「かつて日本列島は縄文文化一色でした。そこへ大陸から弥生文化がやってきて、縄文文化を南北に分断しました」。これは、北のアイヌ文化と南の沖縄文化とを比較してみると、その

「あの世観」があまりにも似ているのに驚いて、梅原猛さんがたてた仮説(9)の要約です。そのあの世観とは、魂がこの世とあの世を永遠に循環するという思想です。この世とあの世とでは、空間的にも時間的にもすべてがアベコベだと言われます。空間的には上下左右が逆なのです。すなわち、この世とあの世とは違うけれども、どちらからも逆ではあるが全く同じに見えるということです。だから循環しうるわけです。死とは肉体と魂が分離して魂があの世に行くことだとされますから、この世で死ぬと魂はあの世に移動し、あの世で肉体を持って生まれます。あの世で死ぬと魂はこの世に移ってまた誕生するというわけです。

アイヌでは熊の肉が最上の肉とされています。熊はあの世からミアンゲ（土産）を持ってくる客人だと考えられています。人間はその肉をいただいたら熊の魂にたくさんのミアンゲを持たし丁重にあの世に送り返します。これが熊の葬式（イオマンテ）です。あの世に着いた熊は人間からのミアンゲで宴会をします。熊の仲間たちは人間の世界（この世）はなかなか良さそうなところだなと思い、この世で熊がたくさん生まれて、どっさり熊が捕れるというわけです。葬式は豊猟祈願祭でもあるわけです。人間の魂もこの世とあの世を循環し、熊と同様の葬式がなされると言われます。

人間は他の生き物を食べることによって生きて行かねばなりませんが、アイヌの人びとは熊を殺して肉を食べても魂は殺していません。丁重にあの世に送り返します。肉をいただいたという感謝の気持ちの表れでしょう。大自然に生かされているという気持ちの表れだと思います。すべての動物は他の動物や植物を食べ、植物は太陽のエネルギーと養分を吸収して生きています。そのような循環のなかですべての生き物は生きています。人間も例外ではないはずです。生き物の循環と同時に魂の循環も考えられましょう。どんな生き物も個としての命は限界がありますが、新たな命の誕生という現象もあります。アイヌの人びとはそれをあの世の魂の生まれ替わりと見たようです。魂すなわち命はあの世とこの世を循環するのであれば、それは永遠です。人間もそんな永遠の命の流れのなかにあるわけで、今生きている人間が中心であろうはずがありません。自己中心的な我々現代人が参考にすべき考え方かと思います。

循環の思想——弥生文化

前回、狩猟採集文化である縄文文化の循環の思想を梅原猛さんの仮説に基づいてお話ししましたが、稲作農耕文化である弥生文化にも循環の思想が見られます。稲は一年草の植物ですから春に発芽して秋には籾を残して穂は枯死します。しかし翌年の春に籾から再び発芽して生長し、「発芽（春）→生長（夏）→枯死（秋）→籾（冬）」というサイクルを一年かけて一巡し、それを無限に繰り返し、稲という種として永続します。人間についても稲と同じように考えたとしますと、人間は個としては誕生からやがて死んでそれで終わりのように見えますが、実は人類は太古の昔から続いているのですから、稲の籾に相当するものを霊魂だと考えれば「誕生→成人→死亡→霊魂」というサイクル（稲では発芽から枯死が半年、籾の期間が半年で一年ですから、人間では六十歳で死んだとすると霊魂の期間も六十年と考えれば百二十年で一巡する計算です）が考えられ、子どもの誕生は先祖の霊の生まれ替わりと考えた人びとは、稲と同じように、個々の人間の死を超えて、人間としての永続を考えていたのではないでしょうか。それが弥生人、あるいはその後の古代日本人の考え方であったのではないでしょうか。

何も霊魂というわけの分からないものを持ち出して理屈をこねなくても、親から子へと素直に考えればよいではないかと言われる向きもあるかと思いますが、例えば、受胎のことを「タネを宿す」とか、妊娠のことを「ミ籠もる」とか言いますし、人間の「目・鼻・歯・頬」が植物（稲）の「芽・花・葉・穂」に対応しています。さらに申し上げると、稲を刈り取って乾燥させ、円錐状に積み上げたものを「稲積み」と言いますが、昔はこの稲積みから少しずつ運んで脱穀したと言われますから、貯蔵施設でしょう。これを沖縄の八重山地方では「シラ」というのだそうですが、「シラ」は稲積みの意味だけでなく「産屋」の意味もあるため、民俗学者の柳田国男氏は稲積みの「シラ」は稲魂（いなだま）が籠もり、再生する場であるという理解を示したといわれます。「産屋」とは人間の子どもが生まれる場所ですから、これは正に、人間の誕生も、稲の再生と同じように、ご先祖さまの再生と考えていた証拠だと思います。とするとやはり「霊魂」を持ち出さないと話が合わないことになりましょう。古代日本人は人間を植物的に考えていたと思われますので、日本人の考える「霊魂」とは稲の籾に相当する植物的霊魂と言えましょう。弥生文化にも植物的霊魂を媒介とした循環の思想が見られるようです。

おのずからの事

日本語としての「自然」の意味は、「自然界に存在する山川草木といった物や、雨・風といった現象をいう[1]」と国語大辞典にあります。しかし漢語としての本来の「自然」の意味は、「自ずから然る」ということで、より詳しくは森三樹三郎氏によって「他者の力を借りないで、それ自身の内にある働きによってそうなること[10]」と説明されています。ここでいう「他者の力」とは基本的には人間の力、すなわち「人為」をいうようです。ですから桜の花が咲いたり草が茂ったりするとき、人間が何もしなくてもそうなることを「自然」というわけです。

ところで、日本人の「自然」という言葉に対するとらえ方には興味深い面があります。相良亨氏の『日本人の心[11]』によりますと、「佐竹昭弘氏は同氏の論文「自然の時」のなかで、元和年間（一六一五～二四）の『見聞愚案記』という書物に〈世話に、自然《じねん》と呉音に云へば自然天然の様に心得、自然《しぜん》と漢音に云へば若《もし》の様に心得るなり〉」とあるのを紹介しています。これによりますと、「自然」を「ジネン」と読むときは「自ずから然る」の意味であり、「シゼン」

と読むときは「異常の事態・万一」の意味となるというわけです。これは「自然《おのずか》ら」という表記があるように、「おのずから」についても同様のことが言えるわけで、異常の事態・万一の最たるものが死でありますから、鴨長明の『発心集』には「おのずからの事」が死を意味している用例もあるようです。

「おのずからの事」が「死」を意味するというのはどういうことでありましょうか。道元禅師の「華は愛惜《あいじゃく》にちり、草は棄嫌《きけん》におふるのみなり」という言葉を使って考えてみますと、花が散り草が茂るのは自然の事、おのずからの事であります。これを「ああ、惜しいことだ」と思い、「また生えやがった」と思うのは人間の心の勝手な思いです。花は咲けば散るように、人間も生まれてくれば死んでいきます。人間の死も花が散るのと何ら異なるものではありません。おのずからの事であり、自然の事であります。ところが、一旦人間の心の側に立ちますと、「ああ惜しい」どころではすまされず、「異常の事態・万一」のことと大騒ぎとなりましょう。「死」というものは、人間の心の側から見る場合と、天地自然の側から見る場合とでは、まるで違ったでき事のように映ります。これを人間の心の側から天地自然の側に重心を移して表現したのが、死を意味する「おのずからの事」という言葉でありましょう。

過去の日本人は、非常に醒めた、そして非常に深い哲学的ものの見方で日常生活を送っていたように思えます。

無常観と無常感

インドの仏教は、「すべてのものは無常である」と観ずる無常観を説きます。この無常観は、人間が苦を脱却するための哲理としての無常観です。どのような哲理なのかと言いますと、「無常」の「常」とは、「常にそのまま」ということで、それに「無」がつきますと、「常にそのままで無い」となりますので「変化する」ということです。何が変化するかといいますと、「すべてのものが」です。ですから私たちのこの体も変化します。すなわち、刻一刻老化し、最後に死んでしまいます。このように観ずることが無常観です。ところが、私たちは、若いままでいたい、死にたくないと思っています。そうすると、刻一刻老化し最後に死ぬという「事実」と、私たちの「思い」とは食い違いを起こします。そこに「苦」というものが起こる要因があるわけです。この場合の「苦」の意味は、その原語であるdukkhaから「思い通りにならないこと」という意味だとされています。その苦を脱却するためには、「事実」と「思い」との間に食い違いを起こさないことです。ところが、「事実」の方は変えようがありませんから、私たちの「思い」の方を換えて「事実」に合わせるしかありません。すなわち「刻一刻年を取り、やがては死ぬのだ」という思いに換えるのです。そうすると「事実」との食い違いがありませんから、「苦」というものは起こらず、心は平安となるというわけです。もちろんその場合、自己の「思い」を転換させるほどの厳しい無常観が求められることになりましょう。

日本人は、仏教の説くこの「無常観」に大きな影響を受けたとされています。人の命のはかなさ、世の中の頼りなさを歌った『万葉集』、無常を想う遁世生活を述べた『方丈記』、「諸行無常」の言葉で始まる『平家物語』、さらには「能」のなかにも無常観を表そうとしたものが多いと言われています。しかしながら、これらは単に、人間や世間のはかなさ、頼りなさを情緒的、詠嘆的に表現しようとした日本的美意識としての「無常感」であり、インドの仏教が主張する、苦を脱却するための「無常観」とはかなり趣が異なります。文学の世界だからというのではなく、日本では仏教の世界においても主体的な苦の克服としての「無常観」は影が薄いように思われます。漢字の「諦」の字は「真相をはっきりさせる」という意味ですが、日本語では「あきらめる」という意味に変わります。この変化は、「観」から「感」への変化と何か関係がありそうに思っています。

「あきらめ」ということ

前回、仏教で説く無常観を日本人は無常感として受け取ったことについて述べました。そしてそれは、「諦」という漢字が、本来、「真相をはっきりさせる」という意味だったのに、日本語では「あきらめる」という意味に変わったことと関係がありそうだとも述べました。今回はその「関係がありそうだ」ということについて考えてみたいと思います。

その前に、もう一度繰り返しますと、無常観とは、すべては無常（変化するもの）であるという真相をはっきりさせ（それが「諦」ということ）、それを徹見すること（それが「観」ということ）で、そのことによって、人間の「常にこうあってほしいという思い」（煩悩）を捨てて、現実の変化に自分の心を合わせていけば「苦」は起こらないというのが仏教の主張かと思います。この主張は、真相を観て、真相がそうであれば、それと異なる自分の思いの方を捨てるという非常にさめた、そして大変な意志の強さを求められる主張かと思います。

一方の無常感の方は、「すべてははかない」という日本的美意識ですが、その美意識によって「あきらめ」の感情が誘発されているとすれば、「常にこうあってほしい」という人間の「思い」は捨てられていることになり、現実の変化に渋々ではあっても順応しようとしていることになりますから、これは、現実の変化に心を合わせて「苦」が起こらないようにするという仏教の無常観と、結果的に変わるところはないとも考えられましょう。しかしながら、日本的美意識から誘発される「あきらめ」の感情によっても「苦」が起こらない状態がもたらされるとしても、それは人間の意志の力によるのではなく、何か別の大きな力によるようです。

それでは、この日本人に特有の「あきらめ」の感情とは、一体どんな構造を持ったものなのでしょうか。本書の「おのずからの事」のなかで、「死」というものは、人間の心の側から見る場合と、天地自然の側から見る場合とでは、まるで違ったでき事のように映ると述べました(49頁)。すなわち、「死」は、人間の心の側から見れば異常な事態に見えますが、天地自然の側から見れば、桜の花が散るのと同じように自然の事、あたりまえの事と映るはずです。私たちは平生、人間の心の側に立っていますから、肉親の危篤の知らせを聞けばあわてふためき駆けつけて大騒ぎとなりましょう。そして、あれよあれよという内に、その肉親が亡くなったとしますと、心の底から「はかなさ」を感じることでしょう。そして何かの力に引かれて「あきらめ」の心を起こすことができ、なんとなく清々しささえ感じることができたとき、そのとき、人間の心の側から天地自然の側に立場を移すことができたと言えるように思います。むしろ、人間の心の側から天地自然の側に心を移すこと自体を「あきらめ」と言っているようにも思えます。もしそうだとすると、「あきらめ」とは、単に「断念すること」ではなく、天地自然の哲理に「身を任せること」であり、それによって苦のない安らぎの世界を開こうとする日本人の智慧なのかも知れません。

子どもを育てるということ

鮭は川の上流で卵からかえり、成長とともに川を下って海にいたり、そこで親になると生まれた川に戻って産卵し、産卵直後に一生を終えるといわれています。生まれた子どもは親からは何も教わることなく自らの遺伝子に組み込まれた情報のみで親と同じ一生を送ることができるようになっているようです。

生物のなかで最も進化した人類は鮭と同じようにはいきません。生まれてから一人前になるまでの情報量は莫大なものがあり、とても遺伝子レベルの容量では足りませんから、生まれた後に膨大な容量を持つ頭脳にインプットされる、すなわち教えてもらう仕組みになっているようです。誰から教えてもらうかといえば、親、学校、書物などを挙げることができましょう。

先般、テレビの報道番組で北朝鮮から中国へ脱出したある家族の追跡報道を見ました。両親と十歳の長男、それに八歳の長女の四人家族です。脱出の理由は北朝鮮には食べ物がないからという理由でした。中国では北朝鮮からの密入国者を取り締まるために、密告を奨励しているそうですから、逃げ隠れの生活しか許されないようです。しかし、その家族はやがて密告され強制送還されたのですが、それでも再度の脱出に成功し、取材者との再会を果たしています。長男は十六歳になっていました。普通だったら高校生です。「勉強したくないかい」という取材者の質問に「体がこんなに大きくなってしまったし」という答えに私もグッときました。解説では、その十六歳になった長男は小学低学年の幼稚さだということでした。親と一緒にいるだけでは成長しないのだということを思い知らされました。

一方、平成十五年七月二十一日の『毎日新聞』「余録」の日本の子どもについての情報では、生涯学習開発財団理事長などを務める工学博士の松田妙子さんによると、「住宅の個室化で家族のコミュニケーションが損なわれると、子どもは利己主義に陥り、密室が非行の温床にもなる」そうで、「凶悪犯罪で補導された非行少年七〇〇人の生活環境を調べたら、ほぼ全員が自室を持っていた」そうです。「子ども部屋ができたせいで、しつけが満足にできないのが子どもによる犯罪多発の遠因」と松田さんは指摘しています。してみると確かに親のしつけが大事だとわかるわけですが、先の例で親とだけでは幼稚なままだというのであれば、あと何が必要かと考えると、やはり学校に行って同学年の他の子どもたちに揉《も》まれるということが人格完成に如何に大切かということだと思います。「子どもを育てる」のではなく、「子どもは揉まれて育つ」と言うべきなのでしょうか。

「育」とは何か

最近のマスコミは子どもに関する痛ましい事件を連日の如く報道しています。塾に行くのをいやがったからといって、母親がわが子を殺すという事件まで起きています。一体どうしたというのでしょうか。

「教育」という言葉は「教」と「育」の二字から成っています。「教」は「〜を教える」という他動詞で、「先生が生徒に数学を教える」などと使われます。同様に「育」も「〜を育てる」

という他動詞で、「子どもを育てる」というように使われますが、また同時に、「子どもが育つ」というように自動詞としても使われます。この自動詞としての意味がとても重要だと思います。「子どもが育つ」という場合には、「子どもが自らの力で育つ」という意味が含まれているでしょう。そうすると「子どもを育てる」という場合も、「〈自らの力で育つ子ども〉を育てる」ということになるのではないかと思います。したがって、「育てる」とは「育つのを助ける」というほどの意味で、あくまで「育つ」が基本であり、「育てる」は「育つ」のを援助する域を出ないことになりましょう。まとめますと、「教」の主役は「教える側」ですが、「育」の主役は「育つ側」であって、決して育てる側ではないということです。親が子どもを育てるとき、親が主役になってはいけないのであり、あくまで育つ子どもが主役であり、親はそれをただ助けるだけだということです。

塾に行きたがらないからといってわが子を殺してしまった母親は、自分が主役になっていたのではないでしょうか。自分が主役になれば、この子を「こんなふうにしたい」「あんなふうにしたい」という思いが膨らむでしょう。そんな思いが動かし難く固まると、その思いに従わない子どもを何とかして従わそうと、もがきあがくことになりましょう。親はわが子に願いを持つものです。でも願いを持つことと、願いを思い通りに達成できることとは同じではありません。その辺の誤解があったように思います。特に日常生活の上では何でも思い通りになる現代では、自分の思い通りになって当たり前という錯覚が生まれても仕方のないことかも知れません。そんな錯覚が子どもにまで適用された結果が最近の痛ましい子どもの事件なのかも知れません。サル学の権威、河合雅雄さんは子どもを「内なる自然」と表現しておられます。その「自然」の元来の意味は「自ズカラ然リ」（おのずから〈みずから〉そうなっていること）ですから、他者の思い通りにはなりませんが、手助けにより素晴らしいものとなりましょう。

「育」とケア

前回、「育てる」の意味は「自らの力で育つのを育てる（助ける）」の意味に考えられると述べました。では、そのような考えに立って、どう育てたらよいかが次の問題ですが、その問題を考えるよい参考書として、「世界展望双書」のなかの一冊『ケアの本質』[12]（メイヤロフ著）という本からの紹介をいたします。

同書のなかで著者は「ケア」を定義して「ケアの対象が成長するのを援助すること」と述べるとともに、「ケアの対象」について「（その対象）が本来持っている権利において存在するものと認め、成長しようと努力している存在として尊重する」と述べています。例えば、何種類かの野菜の種がごちゃまぜになり、それぞれの種が何に成長するのか分からなくなったものを畑に播いて大切に育てるようなものでしょう。そうすると、メイヤロフ氏のケアの定義も「自らの力で育つのを育てる（助ける）」と同様の考え方かと思います。

次ぎに著者は、ケアの本質は「専心」であると言っています。そしてその「専心」は「ケアの対象（相手）に自分をゆだねること」の意味で使われています。相手に自分をゆだねる訳ですから、相手第一主義とも言えましょう。だからと言って相手の言いなりになることではなく、極めて主体的な接し方であることが、希望、信頼、知識、正直、謙遜、忍耐、勇気、修正という八要素で説かれています。なかでも忍耐とは、相手の行動をじれったく感じてもすぐ手を出すようなことをせず我慢することだとされますし、勇気とは、相手の行動に危険を感じてもぎりぎりまで相手に任せることをいうとされます。これらは、相手がその人なりに成長することを何よりも優先し、決してこちらの考えを押しつけないで援助する（ケアする）ということでしょう。ですから相手第一主義ということができると思います。

また著者は「成長」ということを「他者をケアできるようになること」と言っています。「ケアできる」とは単に「世話できる」ことではなく、相手第一主義、すなわち相手を重視した考え方ができるということが眼目です。親が相手第一主義で子どもを育てたとしても、その子どもも相手第一主義の考えができる人間に育たなければ成長したとは言えないし、親も本当に子どもを育てたとは言えないことになりましょう。

「育」と脳

鮭が死にものぐるいで川をのぼり、産卵が終わると流れにまかせて死んでいく姿をテレビなどでご覧になったことがあると思います。卵からかえった稚魚は独力で大きくなり海に出てやがて親と同じ行動が取れるようになっています。ですから鮭、すなわち魚類には親が子を育てるということは必要ないわけです。ところが、今から二、三億年前に哺乳類が現れ、そのとき、大脳皮質（私たちが普通に脳と思っている部分）ができたといわれています。哺乳類は字の如く親が子を育てますから、育と脳とは関係があることが分かります。

馬の子は生まれると同時に立ち上がり歩き出します。人間の子は生まれて立ち上がるまでに約一年かかります。脳についてはもっと大変で、脳ができ上がってから生まれるのではなく、約三〇パーセントしかできていないのに誕生し、九〇パーセントを越えるのに八歳くらいまでかかります。誕生してから脳ができると言った方がいいくらいです。そしてもっと大変なことは、脳は環境を写し取るフイルムみたいなもので、八歳までのその子の環境が脳を作ります。そうしてできた脳を一生使うことになります。狼少女の話をご存じでしょう。八歳で発見されるまで狼に育てられ、人間の言語の環境下にいなかったため、結局、言葉を理解できないまま十五歳で死にました。日本語の世界に生まれた私たちは別に意識しなくても日本語を上手に話します。脳が環境を写し取るフイルムみたいなものと言ったのはこの意味です。また、脳の大半が生まれてからできるというのは生まれた環境に適した脳をつくるためのようです。

零歳から八歳までの間に本物の音楽が聴ける環境にさらされると天才的な音楽の知性が身に付くそうです。絵画や数学や運動などの知性についても同様だといわれます。しかし最も重要な知性は、他人との関係で自分をコントロールする知性（自我）です。それをどうやって培うのかといいますと、子ども同士、近所の人たち、親兄弟といった複雑な人間関係のなかで培われるのだといわれます。例えば、幼児期に他の子にいじめられて「うぁー」と泣くしかない経験を積むなかで、いやな思いに耐える脳構造ができるのではないかと想像します。同級生殺人の女の子の幼児期はどうだったのでしょうか。「育てる」とは、幼児期の子どもに複雑な人間関係のある環境（実は普通の環境、言ってしまえば昔の環境）を提供してやりさえすればいいわけです。問題は大人がそのような環境を「安全・快適・奇麗・便利」などの名の下に排除してしまっているところにあるのだと言えましょう。したがって、「育」とは、親が子どもを思い通りにすることではなくて、子どもが育つ普通の環境を提供してやることであり、その上で、子どもが興味を示すことについては本物の環境を提供してやれば素晴らしい人間に成長するかも知れないということでしょう。

第二部

無為自然

第四章　自　然

サンゴ

残念ながらまだ沖縄に行ったことがないのですが、沖縄の海に広がるサンゴ礁は大変きれいだそうです。あのサンゴから私たちは大変大きな贈り物をもらっています。それはこの地球を取り巻く大気に関係しています。

大気、すなわち空気がどれほど大切なものかは誰でも知っていますが、その空気は、私たちが呼吸をするために必要な酸素を始め、いろんなガスからできています。地球上にまだ生命が誕生していない頃、酸素はほとんど無く、大半が炭酸ガス(全体の九八パーセント)でした。すなわち死の大気だったのです。火星や金星では今でもこの死の大気に覆われているといわれています。この死の大気を生命の大気（酸素二一パーセント、窒素七八パーセント、アルゴン一パーセント、炭酸ガス〇・〇三パーセント）に変えてくれたのが、実はサンゴだったというわけです。どうしてサンゴにそんな芸当ができたのでしょうか。サンゴというのは、イソギンチャクのような形をした小さなサンゴ虫と美しい大きな骨格とからなりますが、サンゴ虫は海水に溶けたカルシウムと炭酸ガスを取り込んで大きな石灰質の骨格を作ります。サンゴが現れた五億年前頃の大気はまだほとんどが炭酸ガスでしたから、サンゴ虫がどんなに海水中の炭酸ガスを使っても大気中の炭酸ガスがどんどん海中に溶け込み、海中の炭酸ガスが無くなるようなことはありませんでした。このようにしてサンゴは膨大な量の骨格を次々と作っていきました。サンゴ虫の作った骨格の集まりがサンゴ礁であり、やがて石灰岩に変わり、わが山口県の誇る秋吉台の石灰地層もこのようにしてできあがったということです。すなわちサンゴ虫が大気中の多量の炭酸ガスを石灰岩に変え地中に押し込めて炭酸ガスの濃度をごくわずかになるまで薄めたおかげで、地球の大気だけが高等な生命も住める大変快適な大気になったというわけです。いわばサンゴは、地球を生物の楽園にする開拓者の一員だったというわけです。このサンゴからの贈り物を、文明を手にした人類はあっという間にだいなしにしようとしています。何とかしなくてはいけません。

毛　虫

新緑がしっかりしてきて青葉が光っているこの時期、椿などの葉にビッシリと毛虫が群がっているのを見かけます。ぞっとするのですが、そこをこらえてよく観察してみて下さい。横一列にきれいに並んで群がっています。もちろん、毛虫たちは椿の葉を食べているのですが、なぜ横一列にきちんと並んで食べているのでしょうか。子ども電話相談室のようですが、しばらく我慢してお付き合い下さい。

横一列に並んでいる理由を考える前に、毛虫たちがバラバラに好きかってに葉を食べている光景を想像して下さい。葉の先端部分で食べている毛虫もいれば、葉の付け根付近で食べている毛虫もいます。付け根付近で食べている毛虫の食べたあとの穴がだんだん大きくなると、いずれその葉の先端部分は、そこで食べていた毛虫もろとも落っこちてしまうでしょう。それでは大変不都合です。どの毛虫もそのようなことにならないよう、安全に、また、葉を無駄にしないように食べるためには、横一列に整然と並んで端の方から付け根方向にさがるように食べていくのがベターです。毛虫たちはそれをやっているわけでしょう。毛虫には、それが一番合理的だと考える能力はないでしょうから、何かの刺激で横一列に並んで食べる習性が遺伝子にプログラムされているのでしょう。このようなことを表現する「自然の摂理」という便利な言葉もあります。

ところで、考える能力を授けられている人間が、もし毛虫になって椿の葉を食べていたとしたらどうでしょう。本物の毛虫のように整然と並んで皆が仲良く食べるでしょうか。現実の人間界を見渡すと、とてもそのようには思えません。それどころか、そら恐ろしい光景で葉を食べている様子が目に浮かびます。どうしてそうなのでしょう。人間の考える能力は、そら恐ろしい光景をつくり出すために授けられたものではないはずです。何のために考える能力を授かったのかよくよく考えてみる必要がありそうです。毛虫をジーッと見ていると何かを教えられる気がしてきます。

自然の美しさ

修学旅行の季節がやって来ました。萩にもたくさんの修学旅行生が自転車に乗ってあふれています。萩に住んでいる私たちは萩の美しさをさほど感じませんが、萩に来られた方々は異口同音に「萩は美しい」と言われます。確かに風光明媚を看板にした観光地を旅しても、萩も負けたものではないと感じます。とにかく日本は美しい自然に囲まれています。十分に感謝しなければならないし、大切にしなければならないでしょう。

初夏の新緑は目にしみます。理屈ぬきの美しさです。真・善・美などという、しち面倒臭い美とはわけが違います。体が欲する美しさと言ったらよいでしょうか。事実、植物の緑は私たちの生命の源です。なぜなら、有ってあたりまえと思っている空気中の酸素は、植物が作ってくれたものだからです。所詮、私たちの命も自然の摂理のなかにあるわけですから、その自然に触れるとき、心から美しいと思い、旅先から我が家に帰ってきたときのように安堵し、安らぎを覚えます。

西洋でいう「自然」(nature)という言葉は「人間」に対立する言葉として使われているようです。聖書に、神が世界を創造し、人間を創造するときに「われわれのかたちに、われわれにかたどって人を造り、それに海の魚と、空の鳥と、家畜と、地のすべての獣と、地のすべての這うものとを治めさせよう」(創世記一章二十六)と言ったとあります。神が人間とその棲み家としての自然を別々に造ったと理解できましょう。一方、東洋の「自然」は老荘思想の「自然《じねん》」にもとづくようです。その意味するところは「おのずからしかり」ということで、人間的な作為(人為)の加えられていない、あるがままの在り方をいうようです。あるがままの在り方のなかには人為は排除されていますが、人間そのものは含まれています。「天地は我と並《とも》に生じて万物は我と一たり」(『荘子』斉物論篇)という言葉からも知られましょう。自然も人間も元は一つという考え方があるわけです。禅では、この東洋でいう「自然」を尊重し、あるべき「自然」に帰着することを目標としました。それは、私たち人間が常に煩悩に引きずられ、自分の勝手な思いに振り回されて苦しみ、その限り安らぎはないとみたからでしょう。人間の思いのない、ありのままの自然をうたった禅語に「柳は緑、花は紅」があります。

緑が目にしみるとき、私たちの心は禅の世界に向かって開かれていると言っていいのではないでしょうか。大切にしたいものと思います。

森林浴のすすめ

暑い夏とともに子どもたちがお待ちかねの夏休みがやってきました。日頃家族サービスから目をそらせているお父さんも、この夏休みには、せめて一回は家族でどこかに出かけられることと思います。今回は山へ行かれる人たちに参考としていただきたい話です。

「森林浴」という言葉が、トイレの消臭剤やエア・クリーナーの宣伝文句によく使われているようですが、これらの商品は、フィトンチッドという物質の殺菌や消臭の作用を利用したもので、この物質はほとんどの植物が自己防衛物質として持っているといわれます。植物は絶えず細菌やカビなどの微生物に狙われていますから、そのような敵から身を護るために、周囲にこの物質を発散しているということです。桜餅、柏餅、笹団子などが葉でくるんであるのは、この物質のおかげで腐らないということを経験で知っていた昔の人の知恵なんだ、ということを最近読んだ本で知りました。

このフィトンチッドという物質は殺菌・消臭作用のほかにも大切なはたらきをしてくれます。この物質が放つわずかな香りをかぐだけで、神経系の活動レベルが高まり、大脳や内臓の働きが活発になり、唾液の分泌も増えてくるそうです。森のなかで食事をすると大変おいしく、食欲が進むのは雰囲気だけの話ではなく、フィトンチッドという物質のせいのようです。

料金受取人払

小石川局承認

3874

差出有効期間
平成19年2月
25日まで
(切手不要)

郵便はがき

112-8790

(受取人)

東京都文京区大塚3－20－6

㈱誠信書房 行

電話 03-3946-5666／FAX.03-3945-8880

http://www.seishinshobo.co.jp/

●ご購入ありがとうございます。今後の企画の資料にさせていただきますので、ご記入の上、ご投函ください。

フリガナ		男・女
ご氏名		歳
ご住所	〒□□□-□□□□	
電話	(　　　)	
職業または学校名		

新刊PR誌(無料)『**誠信プレビュー**』	a. 現在送付を受けている(継続希望) b. 新規希望 c. 不要	**総合図書目録**(無料)	a. 希望 b. 不要

●愛読者カード

書　名（お買い上げの本のタイトル）

1 本書を何でお知りになりましたか

①書店の店頭で（　　　　　　　　　　　　　　　　書店）

②新聞・雑誌広告（紙・誌名　　　　　　　　　　　　　）

③書評・紹介（紙・誌名　　　　　　　　　　　　　　　）

④小社の新刊案内（誠信プレビュー）・図書目録

⑤人にすすめられて　⑥その他（　　　　　　　　　　　）

2 定期購読新聞・雑誌をお教え下さい（いくつでも）

- 新聞（朝日・読売・毎日・日経・サンケイ・その他）
- 週刊誌（　　　　　　　）　・月刊誌（　　　　　　　）

3 本書に対するご意見をお聞かせ下さい

1. 装丁について	良い	普通	悪い
2. 価格について	安い	普通	高い
3. 内容について	良い	普通	悪い

4 本書についてのご感想や小社へのご希望などをお聞かせ下さい

食欲だけでなく、森のなかでは大脳の働きが活発になり、精神集中もしやすくなるそうですから、お釈迦さまが菩提樹の下で悟りを開かれたというのも、ちゃんと理由があったようです。この夏、山へ行かれる方は是非、野外での食事のおいしさを満喫されると同時に、樹の下で姿勢を正し深呼吸をして、いわゆる「森林浴」を子どもたちと一緒にしてみて下さい。子どもたちに自然を好きになってもらうということはとても大切なことだと思います。

原生トマト

先日の新聞に「原生トマト」という記事が掲載されていました。この原生トマトは東京のデパートで「完熟トマト」という名で売られているそうです。デパートでは、イチゴやはしりのモモより甘いと宣伝しているそうですが、食べてみると、果物の甘さではなく、トマト特有の酸味と香りが利いていて何ともうまいのだそうです。このトマトの栽培を指導している緑健研究所（静岡県浜松市）所長の永田照喜治さんによると、トマトの原生地は、南米・アンデスの標高二千メートル付近の砂漠地帯で、雨はほとんど降らず、土は極端にやせた荒れ地なのだそうです。このような環境を人工的に作り出し、そこで栽培されたトマトが原生トマト（完熟トマト）というわけです。普通のトマトに比べて糖度が二倍、ビタミンCは三十倍というから驚きます。水もなく肥料もない荒れ地で芽を出したトマトは、必死になって生き抜き、空中のわずかな水分・窒素分を吸収し、根も異常に発達するそうです。肥料は普通栽培の十分の一、水は百分の一というから、ちょっと残酷な気がしないでもないですが、トマトはアンデスの過酷な自然を生き抜いた遺伝子を秘めており、その眠っている野性を呼びさましてこそ、本物の味がよみがえるのだそうです。私たちが普通に口にするトマトはいわば過保護栽培で、水や肥料をイヤというほど与えられ、水ぶくれ状態の、病気にきわめて弱い「肥満トマト」なんだそうです。

この話はトマトだけのことではないでしょう。現代の子どもたちにそっくりそのまま当てはまるような気がします。われわれ人類も過酷な自然を生き抜いた遺伝子を秘めているはずです。特に、子どもたちのその素晴らしい遺伝子を大人がだいなしにしてしまうことのないよう十分に気を付けてやらねばならぬと思うのです。

アオサギ

先日、自分の部屋で本を読んでおりましたら、窓の外でジャブンという音がしました。私の部屋の窓のすぐ下に小さな池がありまして、もう十年以上も生きている鯉と金魚（共に二十センチくらい）のつがいがいます。毎年卵を生みますが、なにしろ小さな池ですので、ほっておくと、生んだ卵を自ら全部食べてしまいます。これを世話して育てるにはなかなか骨が折れますが、幸い一昨年も昨年も成功し、合わせて十匹くらいの金魚と鯉のあいの子（金鯉？）の子どもらが元気な姿で一緒に泳いでいます。一年もたちますと十センチぐらいになりますので、一昨年の分はかなり大きくなって、子どもという感じは致しません。産卵の時期は春ですが、まだ寒い時期から雄の鯉が雌の金魚を追い始め、何しろ狭い池ですから、雌の金魚は逃げ切れず、傷つけられる場合もあるのです。そんなときにジャブンと音がしますので、もう始まったかと思って窓を開けましたら、全然別の光景が目に飛び込みました。大きなアオサギが私の目の前に突っ立って、大きくなった一昨年の緋金鯉をくわえ、今にも飲み込もうとしているときでした。突然の光景に驚きながら見とれていましたら、なるほどうまく飲み込みます。飲み込まれた緋金鯉を卵から育てた者としては感心ばかりもしていられないのですが、その後、境内を悠々と歩くアオサギを見ていますと、追っ払う気にもなれないまま、これが自然の摂理というものかと、腕組みをするばかりでありました。

人間の気配のする池に、鯉や金魚を失敬しに来るところを見ると、冬場に川で魚を捕るのもままならないのかも知れません。緋金鯉を丸飲みする光景は、人間には残酷に見えますが、アオサギにとっては生きる営みにすぎないでしょう。人間も他の動物を殺して食べているわけで、なんら変わるところはありません。しかしスーパーでパックに入った牛肉を食べている限り、牛を殺して食べているのだという実感はないでしょう。飽食時代にあって食べ物を大事にしない昨今、アオサギの光景は考えさせられるところがありました。

ねこ

三年くらい前だったでしょうか、道を隔てた地蔵堂で後片づけをしていましたら、どこから か子猫がやってきました。腹ぺこの様子でしたので思わず残り物をやりました。その猫とのつき合いの始まりです。毎朝五時のお寺の梵鐘をつく前に、地蔵堂の門を開けに行きますが、そのときに餌をやっていましたので、いつの間にか、まだ暗い道に出て私を待っているようになりました。夕方、門を閉めに行くときも餌をやっていましたので、やはり道で待っていました。そして地蔵堂でお経をあげる朝六時半頃には椅子に丸くなっているのが日課でした。

そんな生活が一年くらいになろうとしていた頃、この子猫は知らないうちに自分の子猫を生みました。大人（大猫？）になったのです。地蔵堂が猫だらけになっても困ると思い、すでに人間に刃向かうようになっていた三匹の子猫を悪戦苦闘の末につかまえ、後を保健所に託しました。親猫は少し寂しそうでしたが、やがて元の生活に戻りました。ところが、またもや子どもを宿したようなのです。もう一度、子猫と悪戦苦闘するのはご免だと思い、道を隔てたお寺に連れて行き、木小屋につないで手の届くところで生ませることにしました。今度は難なくまだ目のあかない子猫をつかまえ、再度保健所のお世話になりました。そして二度目のお産を機会にこの猫は地蔵堂からお寺の境内に生活の場を移すことになったのです。でも家のなかに入ることは禁止されていました。猫小屋を造り、なかには毛布で寝床を用意してやりましたので、この猫は猫小屋を自分の家と納得したようです。冬には正面に戸を付けてやり、十センチ程の出入口には防風用ののれんも下げてやりましたので、雪の降る日も仕方なさそうにのれんをくぐっていました。

そんなある日、あるお檀家さんから猫は一年に三回もお産をするらしいと聞きましたので、悩んだ末に半野良のこの猫に避妊手術をすることにしました。術後、四日も餌を食べず、獣医さんに電話をしたりして気をもみましたが、五日目にやっと食べはじめました。しかし、それからこの猫は猫が変わったのです。寒い外でちょこんと座り、ガラス戸越しにこちらを見ています。避妊によって猫社会からはじき出されたらしいのです。仕方なく家に入れてやることにしました。夏は安楽椅子を占領し、冬の今はコタツを占領していますが、どこか猫なりに自然のリズムで生きている感じです。人間の私が猫にしたような勝手は一切致しません。そして自分のことは自分でできる子どもみたいです。眺めていて癒されます。

種の絶滅

「種の絶滅」とは、ある種の生物が地球上から一匹もいなくなることで、日本でも国際保護鳥のトキが二度と見ることのできない鳥になろうとしています。地球の歴史上、全生物種の大半が絶滅するという「大絶滅期」が五回あったそうですが、代表的なのは、今から約六千五百万年前に巨大隕石が地球に激突し、舞い上がった粉塵が大気圏を覆って全生物のおよそ七五パーセント（数百万種）が絶滅したそうです。その時でも、進行そのものは意外とゆっくりで、数百万年かかったといわれています。

ところが、現在の種の絶滅スピードはその比ではないのです。百年前が「大絶滅期」とほぼ同じで一年に一種、二十年前が一年に千種、そして現在は、なんと一年に四万種という猛スピードで絶滅していると言われています。もちろん、人間が原因です。開発の名のもとに、山も川も海もコンクリートで埋めつくされつつあります。一見青々としている畑も農薬だらけで、豊かな自然の生態系は根こそぎ破壊されようとしています。外界だけではありません。私たちの体内も農薬などで汚染され寄生虫さえも住めなくなっているのです。大腸菌がいなくなればどうなるでしょうか。細胞内ミトコンドリアがいなくなれば人類は確実に滅びるといわれています。これ以上の種の絶滅は、人類のみならず、全生態系の破局を意味するでしょう。

アメリカの先住民族は、生物の共生関係を「生命の織物」と呼び、一八五四年、ある酋長がアメリカ大統領にあてた手紙の一節に次のようにあるそうです。「われわれは知っている。地球が人間に属しているのではなく、人間が地球に属していることを。すべての生命は、一つの織物であることを。この織物を編んだのはわれわれではなく、われわれは一本の織り糸にすぎないことを。生命の織物に対して行うことは、すべて自分自身に降りかかってくることを」。一世紀半たった今、人類はこの酋長の言葉に本当に耳を傾けることができるでしょうか。

「自然」という言葉

現代日本語の「自然」という言葉は、西欧語の nature の訳語としての意味が主流のようです。その訳語としての自然《ネイチャー》は人間に対立するもので、それは、聖書の「創世記」に、神が自分たちに似せて人間を造り、人間の棲みかとして自然を造ったとあることにもとづくようです。したがって、人間が主体的存在であるのに対し、自然は客体的存在となります。これが西欧語「自然《ネイチャー》」の意味するところとされています。

しかし、「自然」という言葉はもともと中国の言葉で、「自ずから然る」という意味とされています。例えば「天地の自然の妙用」という用例があるように、「自然」とは、天地という主語的存在の様態を示す言葉であったわけです。その様態を示す「自然」という言葉を森三樹三郎氏の説明によると「他者の力を借りないで、それ自身の内にある働きによって、そうなること」[10]となります。「他者の力」というのは「人間の力」の意味です。「そうなること」とは、「私たちに見えているような状態になっていること」でありましょう。また「天地」とは、形が無く無限定な究極的なものとされますから、まとめますと、「人間の力とは関係なく、その捕らえどころのないもの（天地）に内在する働きによって見えている世界が展開している」となりましょうか。これが中国の「自然」という言葉の意味です。

日本人は、この難解そうな中国の「自然」という言葉を学んだわけですが、考え方自体は中国人のものですから、学ぶ立場にある日本人としては、考え方自体に乗り移ることは不可能でしょう。そこで一番取り付きやすい所を理解の拠り所としたのではないかと想像するのですが、それはどこかと言えば、「そうなること」（私たちに見えているような状態になっていること）でありましょう。すなわち、「山川草木」であります。日本人はこの「山川草木」で「自然」という言葉を理解したと思われます。ですから辞典の「自然」の項には、まず「山川草木」の意味があげられています。山川草木はまた客体的存在でもありますから、明治以降、西欧語の nature の訳語としても使われたのでしょう。しかしながら、ここで見落としてならないことは、「自然」という言葉を使うからには、直接的には山川草木（自然物）を意味するとしても、本来の「人間の力とは関係なく、その捕らえどころのないもの（天地）に内在する働きによって見えている世界が展開している」という意味を削り落としているわけではないということです。それは「自」という漢字を日本語では「おのずから」とも読むし、「みずから」とも読むところに現れているように思います。「おのずから」の主語的存在は、形が無く無限定な究極的なもの（天地）であり（例「草が自《おの》ずから生える」）、「みずから」の主語的存在は、目に見える形で展開している山川草木（自然物）であります（例「草が自《みずか》ら生える」）。このなかには人間も含まれます。これら二種類の主語的存在は実は同じものであります。同じものではありますが、「自《おの》ずから」の場合は、「天地が草の形をとって生える」の意であり、「自《みずか》ら」の場合は、「天地をやどした草が生える」の意味だと思います。目に見えない天地が表に出るか、目に見える草が表に出るかの違いがあるわけです。違いがあっても元は同じものであるということを知っているが故に、「自」という同じ漢字が使われているのだと思います。したがって、私たち日本人が「自然」という言葉で山川草木を意味しているとき、山川草木を山川草木たらしめている無限定な究極的なもの（神的存在）をその背後に意識しているということが言えましょう。日本の各地に見られる御神体となっている山川草木はまさにその好例と思われます。

自然の力

日本人は「自然」という言葉を中国から学びました。その言葉の意味するところは、「（目に見えない究極的なるものに）内在する力が展開して（目に見える世界がある）」といった意味だと思いますが、日本人はこれを目に見える世界の側から理解し、さらには、目に見える世界そのものを「自然」という言葉で理解したようです。しかし、そのようにして理解した「目に見える世界」、すなわち山川草木たる「自然」の裏に「目に見えない究極的なるもの」の存在を意識することは忘れなかったようです。自然の背後に目に見えない力を意識したということです。

先日、このような日本人の自然に対する態度の現代版の姿をNHKテレビで見ました。それは、茨城県の岩瀬弥隆さんという方の白菜作りの紹介番組です。岩瀬さんは、甘い白菜作りに十二年間かけてやっと成功しました。アナウンサー氏が岩瀬さんの畑に取材に行ったところ、そこには青々とした白菜は一つもなく、茶色に枯れかけた、ちょっとばかり哀れな白菜が見渡す限り植わっていました。実はその枯れかけた葉に秘密があったのです。

冬前に成長した白菜は、収穫されず越冬させられます。朝晩の寒さで白菜の表面に霜がつき、毎日霜に痛めつけられ、白菜は外側の葉から少しずつ枯れ始めます。こうなった時点で、白菜は偉大な力を発揮し、自らの力で葉っぱが霜で枯れないように内部改造を開始します。すなわち、葉っぱに霜がついて葉が凍るために枯れるわけですから、葉っぱ自体が凍りにくくなればいいわけです。それを白菜は自分の力で克服するというのです。どうするのかといいますと、白菜は自分の根に蓄えられているデンプンを分解し、それを糖分に換えて葉っぱの方に供給するのです。糖分を供給されて甘くなった葉っぱは、普通の葉っぱより濃度が高いために凍りにくいというわけです。これは、塩分によって濃度が高くなった海水は、マイナス三十度くらいにならないと凍らないのと同じ理屈かと思います。しかし、すでに枯れてしまった葉っぱはとれてしまい、なかの新しい葉っぱに霜の直撃が当たると、どうしても枯れますので、枯れた葉っぱがとれないように白菜を一つずつ紐でくくる必要があるそうです。見渡す限りの白菜ですから大変な仕事というべきでしょう。ともあれ、紐かけで外側は枯れても、一枚むくとなかは青くてみずみずしく、とっても甘い素晴らしい白菜が隠れているというわけです。その甘さたるや、リンゴやミカンに負けない程だというからすごいですね。

この白菜を作るには、寒さに強いということが条件だそうで、岩瀬さんはそんな白菜を見つけ出すのに十二年間もかけています。しかし、寒さに強い白菜を探し出すのは人間でも、根に蓄えたデンプンを糖分に換え葉っぱに供給するのは自然の力です。自然の力を数式に写し取ったにすぎない自然科学も「自然の力」そのものを作り出すことはできません。粘り強く「自然の力」を引き出す岩瀬さんという日本人に、「自然」という言葉の伝統的理解が脈打っていると言ったら大げさでしょうか。

第五章　科　学

プルトニウム

平成四年十一月八日、日本の輸送船「あかつき丸」（四千八百トン）がフランスのシェルブール港でプルトニウム一トンを積み込み日本に向けて出港しました。日本はこのプルトニウムを原子力発電所の燃料として、すなわち平和利用の目的で輸送しているのですが、プルトニウムは比較的容易に原爆の材料になるそうですから、もしこれが輸送中に核ジャックでもされたら大変です。しかもプルトニウム一トンの量は原爆百発分だそうですからただ事ではありません。ですから、海上保安庁では「あかつき丸」護衛専用の巡視船「しきしま」（六千五百トン）を二百三億円もかけてわざわざ建造したほどです。さらに「あかつき丸」は米軍によって衛星を利用しての監視も受けていますし、日本のプルトニウム輸送に反対する環境保護団体グリンピースは大型タグボート二隻で全航路を追跡すると言っています。

日本はなぜこうまでしてプルトニウムをフランスから運び込もうとしているのでしょうか。日本はこのプルトニウムを高速増殖炉に使おうとしているのです。この高速増殖炉というのは、燃焼した核燃料よりも多い核燃料が炉内で生み出される発電用原子炉で「夢の原子炉」といわれています。資源の無い日本にとっては魅力的な原子炉ですが、開発に時間と費用がかかりすぎる上に危険度が高いために諸外国では計画中止となっています。日本は三十年後の実用化をめざしているそうですが、もしこれが達成されれば、燃やした燃料以上の燃料が出てくる原子力発電所の誕生ということになり、そのイメージが与える影響力は計り知れないものがあるように思われます。それでなくても使い捨ての世の中です。有限であることを忘れ無限であるかのごとく錯覚している私たちは、本当に無限を手にしたかの如く横暴さを増し、地球の命の短縮をさらに早める方向へとつっぱしっていくことでしょう。諸外国が「夢の原子炉」の無謀さに気付き中止を始めたというのに、日本だけ勢いを増そうとしています。

ケータイ

「ケータイ」とは携帯電話のことです。ご年輩の方はあまりよい印象をお持ちではないかもしれません。実は私も、日常的に携帯電話を持ち歩き使っているというわけではありません。しかし、わが国では昨年（平成十二年）末の時点で携帯電話の加入が六千四百万台を超えているそうですから、二人に一人は携帯電話を持っていることになります。これが益々増え続けているというのですから、携帯電話なんて、と打ち捨てておく訳にもいかないでしょう。

携帯電話といっても、今日の携帯電話は、単なる持ち歩きのできる電話機といった程度のものではありません。「ポケットに入るパソコン」に近いものに成りつつあります。特にインターネットに参入可能となった点がこれまでの携帯電話と大きな違いといえましょう。これまでの携帯電話は耳に当てて大声でしゃべっていましたが、今の携帯電話は手に持って黙々とメールの入力をしている光景が多くなっています。それは「携帯電話」とは呼びにくいというので、「ケータイ」と表現するように変わりつつあるようです。ともあれ、そんな「ケータイ」に私も興味を持ち、一昨年に萩市仏教会から発行しました『城下町萩の寺と人物』の文字情報のデータを「ケータイ」を使って発信することに致しました。合わせて『萩市の文化財』(萩市教育委員会発行)の情報も加えましたので、萩の観光情報(宿情報などは別)はほとんどすべて網羅していると思います。この「ケータイ」に直結したガイドマップを別に作り、萩市内のすべてのホテルや土産物店に置いてあるようにしましたので、これからの萩観光はケータイとマップを手にした若者たちでにぎわうようになるのではないかと密かに期待しています。

情緒豊かな歴史の町萩に不謹慎な、とお叱りを受けるかもしれません。確かにケータイやパソコンで見る画像の世界はバーチャル(仮想)世界です。そんな機器を手に、歴史や自然の世界に入ろうなんて本末転倒も甚だしいと言われても仕方がないようにも思われます。しかし、旅をしている人は現実世界を旅しています。その方々に大変便利な通信端末機としてのケータイから、詳しい情報がその場で手に入るのであれば、悪くはないようにも思います。美術館の解説イヤホーンだと思って下さい。萩という場所全体が美術館なのです。どうぞケータイで遊んでみて下さい。

子どもとパソコン

半世紀前、日本は戦争に負け一文無しになりました。その日本が四半世紀後には経済大国にのし上がり、世界を驚かせました。しかしその間、日本は色んな大切なものを失ったようで、さらにその後の四半世紀が経った今日、日本はあらゆる面でひずみが表面化し、歯車がかみ合わなくなっている様子が、最近のテレビや新聞の報道で実感できます。そんな報道の一つとして、平成十四年七月十六日の『毎日新聞』朝刊の「脳の発達　ITが阻害」という記事を読みました。その記事は「その男の子はパソコンの電源を入れ、パスワードを入力してゲームを始めた」という書き出しで始まります。その男の子というのは二歳十一カ月だというから驚きです。恐らく親はこの子は天才だと思っているのではないかと勝手な想像をしてしまいます。

子どもの脳にゲームが与える影響を調べている森昭雄日大教授は、ゲームのしすぎによって前頭前野（人間を人間たらしめている脳の最重要部）が機能不全になった状態を「ゲーム脳」と名付け、「テレビゲーム漬けの子どもは、考えることを放棄し、がまんできない。脳が発達する八〜十歳の時にこんな状態を放置すると、前頭前野が未熟なまま大人になる」と警告しています。また、前頭前野の発達度を調べるための実験を三十年間続けている信州大の寺沢宏次助教授によると、「前頭前野の抑制が十分に働かない状態の比率は、一九六九年には小学校二年生が一番高かったのに、一九九八年では小学校六年生が倍増して最多となり、前頭前野が支配する状況判断や行動抑制の未熟さが目立つ」と指摘しています。

戦後の日本はすべてを捨てて経済復興だけを押し進め、わずか四半世紀のあいだに経済大国になったわけですが、四半世紀という期間は、ちょうど世代差の期間でもあります。親は死にものぐるいでがんばり、子どもは経済大国という満ち足りた国に生まれました。がんばってきた親は子どもにもがんばれと励ましますが、子どもにはがんばるという意味が実感できないようです。日本の復興は優れた技術力に負うところが大きいと思うのですが、現代の若者は理系を敬遠しがちです。そのためか、公立の中学校はもちろん、小学校でもパソコンを導入し、授業で子どもたちに使わせていると聞きます。これは二歳の子どもにパソコンを与え、ゲームをさせて我が子は天才なりと思っているかも知れない親の愚行と同じではないですか。門脇厚司筑波大教授も「ＩＴを使う前に、まず脳を鍛えるべき」と言っています。幼児や児童にパソコンを与えるのは問題でしょう。

危うい日本人

技術立国日本が危ないと言われています。例えば、半導体を例に取ると、一九八八年の日本の半導体生産量は世界の生産量の半分以上を占めていましたが、十年後の一九九八年には三分の一以下までに減少しています。アメリカや韓国といった国々の新技術に押された結果だといわれています。日本の技術開発はどのようになっているのでしょうか。

先般、NHKテレビで「半導体産業で再逆転を目指せ」という報道番組を見ました。再逆転を目指しているのは、企業人ではなく、東北大学の大見教授という方でした。あごの張ったエネルギッシュな顔は何とも頼もしい限りでした。大見教授は、世界で未だ成功していないレーザー光線を使っての新技術開発に挑戦され、いろいろな工夫をこらして、ある大手メーカーに製作を依頼されました。メーカーでは主任研究員氏が大見教授の理論をコンピューターに打ち込み、コンピューター・シミュレーション（電子計算機模擬実験）でその理論が実現可能かどうかを見たところ、コンピューターは実現不可能という答を出しました。少しやせ形の主任研究員氏いわく「企業はお金を賭けるのですから安全を確認しないと」。それに対する大見教授の反論は「新技術を開発するという創造性は人間にだけ許されている。コンピューターは機械にすぎない。機械に従っている限り創造性はあり得ない」という喝でした。事実、肝心な点の入力忘れで、シミュレーションは訂正され、開発着手にゴーサインがでたそうです。この話に今の日本の企業体質が表れているような気がします。また、不況で就職難の昨今ですが、今の企業は就職希望者に「どんなことがしたいですか?」とは聞かずに、即戦力を求めて「何ができますか?」と聞くそうです。これでは技術開発は望めません。今の日本人はすべてが守りの態勢になりました。自分のことしか考えていないからです。自分の命を引き継いでくれる子どもを産み育てるということまでも、まともに考えようとしなくなりました。未来の日本のために果敢に挑戦される大見教授に拍手を送りたいと思います。

自然科学とは何か

東海村にある核燃料加工施設で臨界事故という信じられない事故が発生しました。原子力に対する不信感が広がっています。しかし現代社会は科学技術の恩恵の上に成り立っています。簡単には行きません。そこで、恩恵にあずかっている科学技術あるいは自然科学というものはいったい何であるか、科学史の専門家である村上陽一郎さんの所説を紹介しながら少し掘り下げて考えてみたいと思います。

まず、村上さんは、「自然科学というものはユダヤ・キリスト教の伝統のなかで生まれたものので、近代科学の父と呼ばれるコペルニクスやガリレオ、ニュートンなどは、実は神学をやっていたのだ」[13]と指摘されています。旧約聖書の創世記に、神が世界を造る際に、人間を神に似せて造り、人間以外の自然は人間が支配する人間のすみかとして造ったとあります。すなわち、世界（人間と自然）は神によって「造られたもの」なのです。「造られたもの」であれば、そのなかに造ったものの意志や計画が秘められていると考えられます。ですから、スコラ哲学の言葉に「神は二つの書物を書いた。一つは聖書であり、もう一つは自然という作品である」とあるそうです。この自然という書物を一ページづつ読んで神の意志を知ろうしたのが、コペルニクスたちだから、それは神学だったのだというのです。例えばコペルニクスは天動説を否定して地動説を唱えましたが、彼の問題意識は、宇宙の中心は太陽か地球かということでした。伝統的考えでは地球が中心だったのですが、彼は太陽だと考えました。その理由は、神が世界を造るとき、神が「光あれ」と言うと、光があり、昼と夜が分かれ、これが第一日である、と聖書にあるのに基づき、この「光」を太陽であると考えたからだというのです。太陽が宇宙の中心であれば、おのずと地動説が導かれます。確かに神学というべきでしょう。そして、同じ聖書の「自然は人間が支配するものとして造られた」という言葉には、自然科学の本質が隠されているようです。

デカルトは自然科学の基本構造を提示した人だと言われますが、そのデカルトも神学の枠内に入る人だと村上陽一郎さんは言われます。デカルトの出発点も聖書に、神は自然を人間のすみかとして造り、そこに棲む人間は神に似せて特別なものとして造ったと説かれていることが基になっているとされます。デカルトはこの聖書の説くところを受けて、「自然」を観察される対象（客体）とし、「人間」を観察する主体として、両者を明確に区別し分離しました。この分離が何を意味するかというと、もしも、自然が単に観察される対象にすぎないならば、もはや自然には一切の主観的要素はあり得ないことになって、対象としての自然は感情や意志をもたない「もの」ということになります。対象としての「もの」が石などである場合はいいのですが、生きている人間を対象とすると、その対象は感情や意志をもっているにもかかわらず、そのようなものを持たない「もの」として扱われてしまいます。その結果、他人は「もの」として自然の一部となってしまいます。これが自然科学の特質だというのです。

このように、デカルトの自然科学も聖書を基盤にした神学の枠を脱したものではないとされますが、これを神学から解放し、真の自然科学にしたのは、宗教的伝統によるドグマや俗信から民衆を解放しようとした十八世紀の啓蒙主義者たちだと言われます。彼らによってもたらされた真の自然科学とは、神の意志を読もうとすることではなくて、自然についての知識を、人間が世俗的な目的で自然を支配し統御するために利用できる強力な武器・道具、簡単にいえば、人間の願望を達成するための強力な道具としてとらえたもので、これが真の自然科学、そして現代の自然科学といわれるものです。しかしここには、神の意志を読もうとする目的から世俗的な目的に移っているとはいえ、人間が自然を支配しようとする態度は聖書のままであり、したがって現代の自然科学も完全に神学の枠を脱したとは言えないことになりましょう。

病気を診て病人を診ず

「病気を診て病人を診ず」という成句をときどき見たり聞いたりします。お医者さんが患者さんの病気は診るが、その病気で苦しんでいる患者さんの心には関心を示さないという意味かと思います。近頃のお医者さんは薄情だから、こんな風に言われるというのではなくて、そこには別の理由があるようです。今回はその理由を考えてみたいと思います。

聖路加看護大学学長の日野原重明さんは、『現代医学と宗教』のなかで、「戦前は今日用いられている医療という言葉よりも医術という言葉が普通に使われていた」けれども、この「病む人間を理解し、病む心をいたわり大切にした医療行為の術であるという証しの医術という言葉が消え、戦後日本では科学主義をもろに打ち出す医学に変わり、医学はさらに医科学とも呼ばれるに至った」[14]と述べておられます。すなわち、医学が医術と呼ばれる時代は、病む人間の心を大切にしていたけれども、医学が自然科学の一分野になってからは、病む人間の心をカットしてしまった、ということかと思います。そのようになった理由は、自然科学の基本構造、すなわち、デカルトによる観察主体（人間の心）と、観察対象（自然、それは心的要素が排除された単なる「もの」）との分離によるのでありましょう（前項の「自然科学とは何か」参照）。そうすると、自然科学の一部である現代医学を担うお医者さんとしては、観察対象たる患者さんを、心的要素を排除した単なる「もの」として見る態度を押し通さないと、科学的な診察はできないという、ちょっと困った理屈があることになる訳です。

科学万能主義である現代は、医学の分野だけでなく、あらゆる分野でこのようなことが起こっているように思います。この科学万能主義に何とかしてブレーキをかけなければならないのですが、そのブレーキをかけるものこそ宗教であろうかと思います。では宗教はどうのようにしてブレーキをかけることができるのでしょうか（「苦悩のない生活」106頁参照）。

ガン細胞

私どものからだの細胞は脳・神経系を除いて大体七年を周期に入れ替わっているといわれます。すなわち、私どものからだを造っている細胞は常に死んでいき、そして再生され、細胞が死ぬことによって、私どもは逆に個体（細胞の集まり）として生かされているわけです。この「細胞」と「個体」（細胞の集まり）との関係は、その上の「個体」と「種」（個体の集まり）との間にも見られます。たとえば、ヒトという種を考えたとします。その種を構成する個々の個体（一人一人の人間）が永久に生き続けるとすると、種としての活性度が保たれなくなり、都合の悪い事態となります。ですから個体は死ななければ困るわけです。個体が死んで常に世代が交代することによって種の活性度が保たれ、種の生存そのものが保たれることになるわけです。この細胞と個体、及び個体と種の関係は、部分と全体との関係になります。部分の死が全体の生を支えているという関係です。これは「自然の摂理」と言えるでしょう。

ところが、ガン細胞というのは上述した普通の細胞とは全く逆の動きをします。普通の細胞が、自らが死ぬことによって、全体としての個体を生かしているのに対し、ガン細胞は、自らが生き続けようとすることによって、全体としての個体を滅ぼしてしまうという方向に動きます。全体としての個体はガン細胞にとっても生存基盤ですから、個体が滅んでしまえば自らも滅ばざるを得ないわけです。ガン細胞の行動は自滅的行動と言わざるを得ないでしょう。繰り返せば、普通の細胞が全体の生存のために死んでいくのに対し、ガン細胞は自らの生存を優先することにより、結果的に全体を滅ぼし、同時に自らをも滅びてしまっているのです。

ガン細胞とは何と示唆的な細胞でしょうか。現代人のエゴ的行動をそのまま表しているように見えます。それでは普通の細胞の動きに対応する人間の行動とはどのような行動となるのでしょうか。宗教評論家のひろさちや氏が紹介している「ビアフラの青年[15]」の話は、まさにそのような行動を表しているように思います。

その話というのは、ビアフラ（アフリカ中央部にあるナイジェリアの旧東部州のイボ族が、一九六七年に独立宣言をして樹立した共和国ですが、連邦政府との内戦で三年後に崩壊し、内戦時には一日に三千人の餓死者を出したといわれています）での話ですが、地元のある青年が毒蛇に咬まれました。病院に治療に行ったのですが、すでにひじから先は壊死しており、すぐに腕を切断しないと命が危ない状態でした。青年は診断の内容を知ると、しばらく考え込んでいた様子ですが、医師や看護婦が手術を受けるよう勧めても頑として応じようとしませんでした。手術を受ければ助かるものを、なぜ彼は死を選ぼうとしたのでしょうか。どうもいろいろと訳があるようです。ビアフラのイボ族の人たちは、厳しい自然環境の下で生き抜くために、みんなが働いて助け合う大家族制をとっているのだそうです。したがって一人でも十分に働けない者がいると集団に多大の迷惑をかけることになるため、その青年は片腕となって集団に迷惑をかけるより、集団のために自らの意志で死を選んだということらしいのです。

ビアフラの人たちは厳しい自然環境のなかで皆が助け合いぎりぎりの生活をしているわけですが、そのようななかで、手術を受けた片腕の自分が周囲に迷惑をかけながら生きるか、それとも集団のために自分の命を犠牲にするか、大変難しい選択と思われますが、「しばらく考え込んだ」だけで毅然として後者を選択しています。個よりも全体を考えたのでしょう。しかし、何がそうさせるのか。飽食時代に贅沢三昧が許されている私たちには解りそうにありません。やはり先進国の私たちはガン細胞化しているのでしょうか。

天敵

前回、ガン細胞に事寄せて「部分の死が全体の生を支えている」ということを述べましたが、自然界においては、「部分の死」が何によってもたらされているかと言えば、それは「天敵」だと思います。「部分の死」をもたらす天敵がいなくなると、その生物は異常発生し、餌が無くなり絶滅します。天敵には自然界のバランスをとるという重大な働きがあるわけです。

ＮＨＫテレビの「特集生きもの地球紀行」で、モンゴル人と狼を扱った興味深い取材番組を見ました。モンゴル人は、見渡すかぎり草におおわれたモンゴル平原で、羊などの家畜を飼って生活をしているようですが、家畜の放牧には狼が大敵ですから、この狼の退治がモンゴル人の大切な仕事の一つとなっているようです。モンゴル人が狼の鳴き声をまねて狼を巣穴から呼び出すと、巣穴から出てきた狼は老モンゴル人の声に答えて遠吠えを始めました。老モンゴル人は巣穴から出てきた母狼の行動を十分に観察し、巣穴に戻らない時間帯をチェックしたあと、狼の子どもを捕まえに巣穴に入っていきました。巣穴には四匹の狼の子がいたのですが、その老モンゴル人は三匹だけ捕まえ、残りの一匹は穴に残しました。四匹とも捕まえたのではかわいそうだから一匹だけ残したのではないのです。一匹だけ残すというのは、モンゴルに昔から伝わる掟なのだそうです。そこには大切な意味が隠されていました。もし狼を捕り尽くすと、家畜が狙われることがなくなり結構なことのように思えるのですが、そうなった場合、家畜たちのもつ伝染病が異常発生し、家畜が全滅するのだそうです。狼に捕まる家畜は、実は伝染病に感染して弱った家畜で、そのような弱ったものから捕まるために、適量の狼は家畜が伝染病で全滅するのを防ぐ、いわば医者の役目を果たすのだそうです。モンゴルの人びとはそのことを知っていて一匹だけ残すそうですが、すばらしい智恵だと感心しました。適量の狼は人間の家畜にとって大事な天敵だったわけです。

一方、関口武氏の著書[16]によると、「一九五〇年代前半、エチオピアのある村でマラリアによる乳幼児死亡率が八〇パーセントを越えていたため国連のWHO（世界保健機関）はイタリアの医師団を派遣してマラリアの撲滅作戦を展開したところ、わずか五年でマラリアは完全に駆逐され、乳幼児死亡率も一〇パーセントに下がったそうです。それから十年後に事後調査団が派遣されたところ、その村は消滅していたというのです。マラリア撲滅の結果、人口が増え、村の耕地面積では村人の胃袋を満たすことができなかった」ということです。天敵というのは自然界での話で、人間には関係のないことと思っていましたが、人間も自然界の生き物の一つであれば、天敵がいてもおかしくありません。ひょっとして人間の天敵はマラリアなどの病原菌（ウイルスも）だったのでしょうか。もしそうだとしたら、人類は大事な天敵を目の敵にして撲滅しようとしていることになりますが、どうなのでしょう。

第三部

如実知見

第六章　宗　教

求法と宣教

いつでしたかテレビを見ていましたら、ＮＨＫの「シルクロード」という番組で「玄奘三蔵」を放映するという予告をやっていました。結局その番組は見損なったのですが、そのときふと思ったことをお話してみたいと思います。

玄奘三蔵といえば、有名な小説『西遊記』が思い浮かびます。孫悟空や猪八戒を引きつれて、はるばるインドへ仏教聖典を求めに行き、多くの怪物や化物を退治しながら、とうとう目的を達成するというあの痛快な物語です。しかし、これは小説でして、事実はたった一人で西暦六二九年、長安から中央アジアの砂漠を渡り、雪の山を越え、本物の仏の教えを求めてインドへ旅した求法の大旅行だったのです。玄奘三蔵は苦難のインド旅行から六四五年に帰ると、早速、持ち帰った膨大な量の仏典を翻訳し、中国に新しい仏教の息吹を吹き込みました。私たちが日頃読んでおります『般若心経』も実は玄奘三蔵がインドの古典語（サンスクリット語）から中国語（漢文）に翻訳したものなのです。

ところで、玄奘三蔵の旅は死の砂漠や凍り付く山岳地帯をたった一人で行く気の遠くなるような命がけの旅だったと思うのですが、このような求法の旅は玄奘三蔵一人ではなく、多くの僧が試みたことでしょう。そして、そのほとんどは途中で砂漠に埋もれ、無念の涙を流したに違いないのです。このようにしてインドに生まれた仏教はまわりの人びとの命がけの求法により、アジア全体に広がりました。一方、キリスト教では宣教という方法で教えが広められました。日本に最初にやって来た宣教師はフランシスコ・ザビエルですね。キリスト教はこの宣教師を全世界に派遣して自分の方から教えを広めようとしたわけです。それに対して、仏教はまわりの人びとから求められて自然に広まりました。玄奘三蔵の予告の放映を見て、ふとこんな事を思った次第です。

ノーベル平和賞

今年（平成元年）度のノーベル平和賞にチベットのダライ・ラマ十四世が選ばれました。仏教界から受賞者を出したことを共々慶びたいと思います。

世界の秘境と言われたチベットは、今まであまり報道されていませんが、大変な苦境に立たされているようです。一九四九年に中華人民共和国が成立すると、翌年には中共軍がチベットに進駐し、一九五九年のラサ暴動以来、ダライ・ラマ十四世はインドに亡命し、約十万人のチベット人と行動を共にしました。彼らが樹立した亡命政府によりますと、一九八四年までに中共軍の進駐に関連したチベット人の死者は百二十万人を越えるということです。総人口が六百万人というチベットにとって、これは大変な数字というべきでしょう。現在は修復されつつあるとはいうものの、文化革命のあおりでほとんどの寺院が破壊され、僧侶の大半も還俗させられたということです。また、チベットへの中国人の移住もチベット総人口を上回る七百五十万人に達したと報道されています。

このような状況下で、ダライ・ラマ十四世がチベット人の平和をめざして非暴力による粘り強い運動を長年続けてきたことが評価されたようです。一方、中国側は「内政干渉だ」と強く反発しているとも報道されています。

ところで、歴代のダライ・ラマはチベットにおける宗教と政治の両面の指導者ですが、チベット人にとっては「活仏《かつぶつ》」と呼ばれる生き仏であり、観音菩薩の化身と考えられています。「活仏」とは仏が生まれ変わった高僧という意味です。チベット人たちは、そのような高僧は死後もこの世に生まれ変わって民衆を救いつづけると信じています。活仏と呼ばれる高僧が亡くなると、死後四十九日の間にどこかに生まれ変わるとされています。その生まれ変わった子どもを探し当てるというのは至難の技ということになりましょう。そこで「神降ろし」といわれる占いが登場します。いろいろといかがわしい点はあるようですが、とにかく一人の子どもが選定されますと、その子は活仏と呼ばれる高僧の転生者、幼い活仏として丁重に扱われることとなります。その子の教育担当者は、たとえその子がいたずらをしても無下にしかるということはせず、「あなたは化身であられるのに、さようなことをあそばされてどうされますか」と敬語を使って諭すのだそうです。その結果、十人中八人までが立派な人物に成長するそうで、ダライ・ラマ十四世ももちろんそのような教育を受けて成長したのでしょう。活仏であるダライ・ラマ十四世に寄せるチベット人の信頼は絶大なもので、その十四世がノーベル平和賞を受賞することとなったということは、全チベット人にとってこれほどの励みとなるものはないでしょう。私たちも温かく見守りたいものと思います。

仏教の五戒とモーセの十誡

仏教で言う「五戒」とは、不《ふ》殺生戒《せっしょうかい》、不《ふ》妄語戒《もうごかい》、不《ふ》偸盗戒《ちゅうとうかい》、不《ふ》邪淫戒《じゃいんかい》、不《ふ》飲酒戒《いんしゅかい》の五つを言います。これとよく似たものにユダヤ教やキリスト教で言う「モーセの十誡」があります。このなかに、殺人禁止、偽証禁止、盗奪禁止、姦淫禁止などがあるために、宗教は違っても説くことは結局同じなのですね、という話をよく聞きます。しかし、本当に同じなのでしょうか。「モーセの十誡」は神ヤハウェと人との契約だと言われます（イスラム教も神アッラーと人とは契約関係にあるといわれます）。契約ですから、その誡は命令形です。神の命令を守れば恩恵が与えられ、守らないと怒りを招きます。ですから神の命令たる十誡は忠実に守らねばなりませんし、守ることも可能なのです。殺人禁止などは、むしろ守れてあたりまえです。ところが、仏教の不殺生戒となると訳が違います。こちらは殺人のことではなく、すべての生き物を殺さないと言っているのです。ハエだって殺してはいけないのです。これは大変でしょう。ですから、不殺生戒は命令ではないはずです。事実、仏教で言う「戒」の原語は「シーラ」という言葉で「習慣性」を意味しますから、「生き物を殺さない習慣を身につけよう」というのが不殺生戒の意味となります。こちらは、他者からの命令ではなく、自発的なのです。いたしかたなく殺生してしまう自分を反省（懺悔《さんげ》）し、一歩でも二歩でも不殺生の習慣を身につけるべく努力するために不殺生戒という理想があるのです。自らの非力を深く知る人は他人の非を許せる人となれるでしょう。ところで、不殺生の原語は「アヒムサー」ですが、インド独立の父ガンディーはこの「アヒムサー」（この場合「非暴力」と訳す）を理想とし、それを受け継いだチベットのダライ・ラマ十四世は一九八九年度のノーベル平和賞を授賞しました。それに反して、契約の宗教の人びとは今（一九九一年）戦争をしています。

安心無為（あんじんむい）

「心を無為に安ず」と読みます。「ダルマさん」でおなじみの中国禅宗初祖、菩提達摩《ぼだいだるま》の作と伝えられる『二入四行論《ににゅうしぎょうろん》』に出てくる言葉です。『二入四行論』は禅の書物ですが、研究によりますと、「安心無為」の「無為」は、仏教で説く「涅槃《ねはん》」(煩悩《ぼんのう》の無くなった悟りの境地)を意味する「無為」ではなくて、道家の老荘思想で説く「無為自然」の「無為」だということです。その「無為自然」ということですが、「無為」とは人為の無いことであり、「自然」とは「自ずから然り」と読むべき言葉で「自ずからそうなっている」という意味ですから、「無為自然」とは、人為を加えることなく自分の力でそうなっていること、の意味となりましょう。したがって、老荘思想では、その反対の「人為的」で「不自然」の最たるものとして「文明」というものを否定します。文明はいろいろな便利なものを作り出しましたが、それは人間の欲望を増大させるだけで、人間の欲望は無限に増大しますから、結局、満たされることなく、ついには人間の不幸をもたらすのだというのです。確かに、文明の進歩とともに、人間は物を作ることには上手になりましたが、逆に、自分の心をコントロールすることには、かえって下手になったようです。その点、仏教がもともと説く「少欲知足《しょうよくちそく》」を参考にしたいものです。

そこで「安心無為」とは、人為的でない自ずからそうなっているところに心を落ち着けるという意味にとることができましょうから、「自然に帰れ」と言い換えることもできるかと思います。近頃の旅行は、新幹線や飛行機という大変便利な乗り物を利用し、着いたホテルでは至れり尽くせりで殿様旅行ですが、わが家に帰り着くと「やれやれ安心した。結局、わが家が一番だ」と誰もが思うように、「安心」とは「馴染みの処に帰ること」によってもたらされるような気もしてきます。「自然に帰れ」という場合の、その「自然」も、「人間の本当の馴染みの処」をいうのではないかと思いますが、「人間の本当の馴染みの処」とは何か。十分に考えてみなければならない問題かと思います。

和して同ぜず

「和して同ぜず」（『論語』子路）という言葉があります。しかし、「和」と言えば「和を以て貴しと為す」が念頭に浮かぶことでしょう。ご存知、聖徳太子の作といわれる「十七条憲法」の第一条に出てくる言葉です。ここでいう「和」とはどういう意味だろうかと考えてみますと、この第一条に対応するとされる第十五条には「私に背き公に向う云々」とありますから、「私に背き公に向う」意味の「和」であるらしいとわかります。すなわち「滅私奉公」の意味での「和」ということになりましょう。これは「憲法」（「いつくしきのり」と読むそうですが）の言葉であり、為政者の立場からの言葉ということで、一応、納得しておきましょう。

ところで、「和」という漢字の意味を漢和辞典で調べてみますと、「まるくまとまった状態、ことなるものがいっしょに解けあったさま」と解説されています。すなわち「和」とは、同じものが和するのではなくて、異なるものが和するのであることがわかります。この点は大変重要なことだと思います。

そこで、初めの「和して同ぜず」に戻りますと、意味するところは、人と仲よくするが同調することなく主体性を失わない、ということになろうかと思います。

これは、異なるものが和す、という「和」のもとの意味に添っていると言えましょう。また、上からの発言ではなく、和すという行為を行う当人の立場からの発言でもあります。お互いに主体性を失わず、安易な妥協をしないで和を成立させることは簡単にはいかないでしょう。そこには相手を尊重する精神が要求されることと思います。

他人に無関心か、盲目的にグループにのめり込むか、両極端の感の強い現代にあって、「和して同ぜず」という言葉は重い意味を持つ言葉のように思います。

断　食（だんじき）

インドには古代より修行形態として苦行（タパス）と瞑想（ヨーガ）の二種類がありました。その内、瞑想の流れをくむものが坐禅ですが、仏教の坐禅は、単なる精神統一ではなくて、外界をありのままに見る智慧が働いている点が重要です。もう一つの苦行ですが、この代表的なものが断食です。釈尊もこの断食を大変熱心にされたようです。有名な「釈迦苦行像」（ラホール博物館蔵）の実物や写真をご覧になった方も多いと思います。しかし、釈尊は結局、断食などの苦行を捨てられ、静かな坐禅のなかで悟りを開かれました。

紀元前一五〇〇年頃、中央アジアに居たアーリヤ人たちがインドに入ってきました。彼らは寒冷地である中央アジアに居る頃、ソーマ（一般に「神酒」と和訳）という幻覚剤を服用し高揚した状態で神秘世界との交流感を得ていましたが、暑いインドにやってくると幻覚剤ソーマを造る材料と考えられているベニテングダケ（北半球の寒冷地帯に広く分布）がありません。ところが、彼らは断食によって同じ効果が得られることを発見し、断食を神秘世界の感得に大いに利用したのです。断食を体験された國學院大学教授宮元啓一さんは「身心の清澄なること、余人の想像を絶するものがある」[17]と述べていますが、山口県立美術館でお会いした真言宗のご住職によると、断食をして二日目、三日目は猛烈に腹部が痛むそうですが、四日目になると頭のなかがパーッと明るくなり、すべての苦痛を感じなくなってしまうと同時に何でも記憶できそうな気がしてくるということでした。どうもこの状態が幻覚剤を服用したときの高揚した状態と同じらしく、この効果をインドに入ったアーリヤ人たちがソーマ（幻覚剤）の代用として利用したらしいのです。しかし、宮元教授によれば、「断食も、それを止めて食を始めてしまえば元の黙阿弥、心も元の汚れた心になってしまう」ということです。釈尊が苦行を捨てられた理由もこの辺にあったように思います。つまり、仏教の核心は、瞑想による精神統一や、苦行という肉体いじめで得られる一時的精神状態ではなく、智慧を働かせて恒久的安らぎを得ようとするところにあるということです。

苦悩のない生活

科学は私たちに非常な恩恵を与えてくれました。便利な世界、贅沢な世界、長生きのできる世界、などなどを与えてくれました。科学は私たちの欲望を何でもかなえてくれる玉手箱のようにさえ思えます。しかしながら、せっかく科学がかなえてくれたのに、かなえてくれるたびに、それが当たり前になってしまって、欲望の方はさらにもっと便利に、贅沢に、長生きにと、留まるところを知りません。したがっていつも不満状態から抜け出せません。それどころか、ものごとには限界というものがありますので、各分野で限界を超えたことに起因する弊害が吹き出しつつあるのが現状です。

ところで、「病気を診て病人を診ず」という話のなかで、科学万能主義にブレーキをかけるのは宗教であると述べましたが（90頁）、宗教は救済を説きます。近頃の「何々教」が、こうすれば病気が治るとか、お金が儲かるとか、頭が良くなるとか、というのは救済ではありません。したがって宗教とは言えないでしょう。「こうすれば〜となる」という根拠の部分は頭を傾げざるを得ないような内容の上に、どす黒い欲望をそのまま認める点は科学と同一平面上にあるのですから、むしろ「えせ科学」とでもいうべきかと思います。仏教やキリスト教など、真の宗教の説く救済は、「苦しみがない」ということであります。それは、「神」とか「仏」とか「教え」というものを徹底的に信じる（あるいは、行じる）ことによって、神・仏・教えの方を立てて、自分を立てないために、自らに与えられた現実を無条件に受け入れることができ、そのために、どんな現実に対しても「それを苦とする心を持たない」という状態がもたらされ、それによって「苦しみがない」状態が実現します。これが真の宗教の救済でありましょう。

科学が欲望をそのままにして現実を好ましい状態に変えようとするのに対し、宗教は現実をそのままにして心を変革することにより、苦悩のない状態を「救済」として目指していると言えましょう。環境問題や人口問題を抱える小さくなった地球号で、これからの二〇〇〇年代を生きていかなければならない私たちにとって、目指すべきは、科学万能主義による更なる贅沢な生活ではなく、宗教による苦悩のない生活ではないでしょうか。

仏教はどんな宗教か

「宗教」というと、どうしても「こまったときの神だのみ」的イメージがわいてしまいますが、仏教は本来どんな宗教なのか、もう一度おさらいしておきたいと思います。

仏教はキリスト教、イスラム教と共に世界三大宗教の一つです。キリスト教もイスラム教も共にユダヤ教の流れをくむ一神教で、神を立てない仏教は他の二教とは大いに性格を異にします。キリスト教では、神の恵みへの信仰（神の支配に喜んで服すること）によって神の救いを受けることができると説き、イスラム教では、人間は各々その信仰と行為（万物を創造した神に感謝し、その創造物を生かすべく努めること）に応じて神からの報いを受けると説きます。ここで、注意すべきことは、キリスト教にしても、イスラム教にしても、「信仰」とは、神に服することであり、神に感謝することであって、神に何かをお願いすることではない、ということです。日本人の「信仰」は、とかく、何神さまは何々をかなえてくれるから信仰する、という場合が多いのではないでしょうか。

それでは仏教の場合はどうかと言えば、「仏」を信仰してその恵みを受けるというのではなく、基本的には、仏（覚者）の教えに従い、自分も仏（覚者）と成るというのが理想です。仏の「教え」（法）は他者を仏にする力があります。この力が仏教で言う救い、救済です（「悩み解決法」145頁参照）。大乗仏教では、この救済がとりあげられ、自分は仏にならず、すなわち救済にあずからず、他者を仏にすべく救済しようというのが理想とされました。すべての者が「救済者」（僧）となり、結果としてすべての者が救われるというのが大乗仏教の理想です。共に生き共に救われるというのが仏教です。仏教は神を立てません。そのかわり、仏・法・僧（仏・仏の教え・仏の教えに生きる仲間）の三宝《さんぼう》を拠り所として共に生きようというわけです。

宗教とは何か

宗教とは何かを考えるとき、宗教は人間だけが持っているものであり、人間以外の動物は宗教を持っていない、ということが大きなヒントになるでしょう。では動物はなぜ宗教を持っていないのでしょうか。それは動物が考える力というものをほとんど持っていないからだと思います。しかし、動物たちは考える力を持っていなくても立派に生きています。それは、彼らが自然の摂理に従って生きているからです。自然の摂理に従って生きる限り宗教というものは要らないのだと思います。それに反して、人間は考える力を持っていますから、単純に自然の摂理に従って生きようとはしません。考える力によっていろいろと都合のいいように生きようとします。その結果、すべてはその考える力にゆだねられてしまい、人間は考える力だけを頼りに生きていかねばならないようになったのです。そこに宗教の必要性が見えてくるでしょう。

ところで、自然の摂理にしても、考える力にしても、車に例えればハンドルやブレーキに当たり、エンジンではありません。エンジン、すなわち、生きる原動力は何かといえば、それは欲望です。この欲望を自然の摂理ではなく、考える力によってコントロールするということは並大抵のことではありません。欲望に考える力が結びつくと、相乗効果が働いてどこまでも膨らもうとするからです。ですから、仏教の開祖釈尊《しゃくそん》は欲望のコントロールの仕方、すなわち

「少欲知足」を繰り返し説かれたのでしょう。つまり宗教とは、欲張りな自分を見つめて、限りない欲望をコントロールしようとする原理であると言えましょう。

動物は生きる原動力である欲望を自然の摂理でコントロールすると言いましたが、そこには殊更にコントロールする必要があるわけではなく、動物が自然の摂理に従って生きている姿、すなわち、生かされて生きている姿があるだけと言えましょう。一方、人間の場合は考える力でコントロールするようになっています。自分で自分を律するようになっているわけです。これはなかなかしんどいことだと思います。だから人間の力を超えた神の力にすがろうとしました。これが宗教の始まりでしょう。しかしここで注意すべきことは、そのような神の力を自分の欲望を抑えるために使うのか、あるいはより満足するために使うのかで様子が全く異なるということです。キリスト教やイスラム教は欲望を抑えるために神の力を使うという正しい使い方をしているように見受けられます。では仏教はどうかというと、神を立てませんから、まさに考える力で自分をコントロールすることになりましょう。しかしそのコントロールはむやみに抑えるコントロールではありません。バランスのとれた、程よいコントロールです。すなわち、苦が起こらないようにするコントロールであり、自分に与えられたものに自分の欲望を合わせる（自分に与えられたものをそのまま受け入れる）というコントロールです。詳しくは、「悩み解決法」（145頁）及び「中道とは」（147頁）をご覧下さい。

第七章　仏　教

身心一如（しんじんいちにょ）

ある老僧が「心」についてお話をしておられるのを聞いたことがあります。その老僧は聴衆の皆さんに、「心というものは有るのでしょうか、無いのでしょうか。もし有るとすれば一体どこに有るのでしょうか。胸のあたりでしょうか。それとも頭のあたりでしょうか」と聞かれました。しかし、聴衆の皆さんはどなたも「さあ、どうかなあ」といった当惑顔をしておられました。

マンガなどには、よく胸のあたりにハートの絵をかいて心を表していますが、確かに、心ときめき、興奮したときは胸がドキドキしますので、心が胸に有るような気もします。でも、もう少し科学的といいますか、現代的に考えてみますと、心は脳のはたらきに関係がありそうですので、頭に有るような気もしてきます。皆様方はどのようにお考えでしょうか。

老僧はさらに「寝間着をきちんとたたんでおられる方はいらっしゃいますか」と聞かれました。今度もにやにやするだけで誰も答えません。そこで老僧は「私は夜中じゅうお世話になった寝間着に感謝の意をこめて、きちんと大切にたたむそのしぐさに心が有るのだと思います」と答えられました。心とは胸や頭といった体のどこか一部に有るというようなものではなくて、日頃の一挙手一投足のなかに有るのだということでしょう。物を大切に扱うしぐさには、大切にする心が有り、乱雑に扱うしぐさには、乱雑な心が有るというわけです。仏教に「身心一如」という言葉がありますが、身体の動作はそのまま私たちの心を現しているわけで、醜い心はどうしても醜い行いとなって現れてしまうでしょう。自分の行いを決して粗末にしないよう、いつも美しい心でいたいものです。

灯明と花

仏さまを拝むとき、右に灯明、左に花を捧げます。今回はこの灯明と花についてお話いたしましょう。

灯明は迷いの暗黒を照らす智慧を意味します。私たち凡夫の世界は言ってみれば煩悩《ぼんのう》におおわれた暗黒の世界にほかなりません。煩悩は百八あるといわれますが、根本は貪《とん》・瞋《じん》・痴《ち》の三毒とされています。むさぼり、怒り、おろかさ、の三つです。自分はむさぼりの心など持っていない、と言う人もあるかも知れません。しかし、戦後まもない物不足のときはどうだったでしょうか。今は確かに物が満ち溢れておりますが、それらは皆、外国からむさぼりかき集めたものではないでしょうか。むさぼりが許される間はまだしも、それが許されなくなると、怒りの心が頭をもたげてくることでしょう。そんな心によって人間は煩わされ悩まされて、苦悩の泥沼にはまり込んでしまっています。なんともおろかなことではありませんか。ですから、まず煩悩に満ち満ちた自分の心を深く知ることが必要です。もし自らの心を深く見つめはじめたとき、すでに智慧が働き始めたと言えるでしょう。

煩悩に覆われているのは自分だけではありません。他の人びとも同じことです。誰もが自ら抱える煩悩によって苦しんでいることに変わりはありません。煩悩をふりまかれると迷惑しますが、自分もふりまいているのではないでしょうか。お互いに許しあい、早く自らの煩悩に気づくよう励ましあう優しさこそが大切です。これが慈悲であり、花がそれを意味しています。

朝、ご家庭の仏壇に灯明をともし花瓶に花をさすとき、お釈迦さまの示された智慧と慈悲を思いおこし、今日一日、その智慧と慈悲に生きようと心新たにしてみては如何でしょう。

回　向（えこう）

先般ある方がお寺にお見えになり、ご先祖さまのお位牌を出されて、お経をあげてほしいとのことでした。お檀家の方ではなかったのですが、何でもここしばらく年忌法要もしていないし、是非お願いしたいとのことでしたので、一応お引受け致しました。お持ちになられたお位牌をおまつりし、ご本人にはお経本をお渡しして『修証義《しゅしょうぎ》』を一緒に読まれるようお願いし、読経を始めました。『修証義』という経典は曹洞宗で読む経典です。曹洞宗の開祖である道元禅師の主著『正法眼蔵《しょうぼうげんぞう》』のなかから一般に親しみやすい言葉を抜き出し、受戒を中心に五章からなっており、曹洞宗の檀信徒が読んでわかる経典として明治二十三年に成立しました。この『修証義』を一緒に読んで下さいと言ってお渡ししたのですが、ご本人は初めてのご様子にもかかわらず、一生懸命に読んでおられました。読経の後、「胸がスーッとしました。安心しました。私がこんなにスーッとしたんですから、仏さま（ご先祖さま）はもっとスーッとされたでしょう。やはり、お経は聞かせてあげないといけないですね」と申されました。この方なりにお気づきになったのだなあと思い、差し出されるお布施を頂いておきました。

このままお別れしてもよかったのですが、つい蛇足を付け加えてしまい、次のように申し上げました。「ただ今、ご先祖さまにお経をあげたのですが、お聞かせしたのではないのです。あなたが、お経を読むという修行を通して積まれた功徳をご先相さまに回向した、すなわち、差し上げたのです。そして、今お読みになった『修証義』というお経には、ただ今元気にしている私たちが日々どのような心がけで生活したらよいかが書いてあるのですから、読むだけでなく書いてあることを実践することによって積む功徳はもっと素晴らしく、本当はその功徳をこそご先祖さまに回向すべき、すなわち、差し上げるべきなのです。ご先祖さまへの真のご供養になりましょう」となまいきなことを申し上げました。道元禅師は、さらに、ご先祖さまへの回向だけでなく、生きている者へこそ回向しなさいと「衆生《しゅじょう》の成仏得道《じょうぶつとくどう》に回向するなり」（『正法眼蔵』発菩提心《ほつぼだいしん》の巻）と説いています。自分の積んだ功徳を自分のために使うのではなく、他人が一歩でも悟りに近付けるよう願ってその他人に差し上げるのです、という意味かと思います。そうすると、そのような（他人に差し上げるというような）行為自体がまた素晴らしい功徳を積むことになり、無限遡及的に回向が飛び交う世界が展開することになりましょう。平和な世界を作らずにはおかない仏教の精神かと思います。

お地蔵さま

私たちはいろいろな仏さまを拝みますが、そのなかでも一番なじみ深く庶民的な仏さまと言えば、やはりお地蔵さまでしょう。形もクリクリ頭の衣姿で、お坊さんの格好をしておられますから、よそよそしさがありません。村のはずれの田舎道では必ず見かける仏さまです。

お地蔵さまは大変慈悲深くやさしい仏さまですから、私たちの勝手な願い事もニコニコ顔で聞いてくださいます。でも、今日買った宝くじが一等でありますようにとか、大学受験に合格しますようにとかというお願い事はふさわしくないように思います。そのような願い事ではなく、今、何かに苦しんでいる人が、その苦しみに押しつぶされそうになっているとき、やさしく慈悲の手を差し延べて下さるというのが、お地蔵さまのように思われます。

お地蔵さまは右手に錫杖《しゃくじょう》を持った旅姿をしておられますが、あれはお地蔵さまがこの世のすべての衆生を救うという誓願を立てられ、迷い苦しむ衆生を自ら尋ね歩かれている姿です。「縁なき衆生は度し難し」という言葉もありますが、お地蔵さまは自分の方から縁を作り、手を差し延べようとしておられるのです。「六道能化のお地蔵さん」というように、お地蔵さまはこの世の衆生だけでなく、六道（地獄・餓鬼・畜生・阿修羅・人間・天上）のすべての衆生に手を差し延べられ、特に地獄で苦しんでいる者には特別に慈悲心を向けておられるということです。ひょっとすると私たち一人一人も自分の気づかぬ所でお地蔵さまに助けられているのかも知れません。弊山の地蔵堂（旧保福寺跡）に安置してある「身がわり地蔵尊」には毎日たくさんの人がお参りになり、線香の煙が絶えませんが、あのお参りの人びとはきっとお地蔵さまに「ありがとうございました」と感謝のお参りをされているのでしょう。地蔵堂にはいつも清々しさがただよっています。

観音菩薩展

平成八年九月二十七日、萩市仏教会主催の「観音菩薩《かんのんぼさつ》展」が開催されました。果たして市民の皆さんの反応はどうかと心配でしたが、予想以上の反響で、主催者の一人として安堵しているところです。目玉は市内最古刹、南明寺の聖《しょう》観音と千手《せんじゅ》観音です。ところが両観音とも国の重要文化財ですので、私たちの会場に移動することはできません。思案していましたところ、両観音とも本来、二天王を脇侍《わきじ》として従えていたということを知りました。その二天王は腐食が進み相当以前から観音堂の床下に放置されていたようで、現在、補修されて萩市郷土博物館（萩博物館の前身）に常設展示されているということでした。早速、博物館に見に行ったのですが、とても立派な二天王で、本尊と同じ平安後期の作と考えられているものでした。そこで、館長さんにこの二天王を「観音菩薩展」の当日だけ南明寺に戻し、本尊と脇侍がそろった形で市民の皆さんに拝観してもらえるよう許可をいただき、第一会場とは別に南明寺を第二会場とし、バス二台を出す計画を立てました。館長さんのお話ですと、本尊の観音と脇侍の二天王がそろって拝観できるのは恐らく百数十年ぶりであろうとのことで、定員を超える申込があり、仏教会会員が数台の自家用車を出してフォローするという嬉しい悲鳴でした。

観音菩薩とは観世音《かんぜおん》菩薩の略で、世間の救いを求める音声を観じるや、直ちに救済の手を差し伸べる仏の慈悲を表した菩薩とされています。しかも救いを求める者に最もふさわしい姿で現れるので千変万化の姿をとるとされます。そんな観音さまの慈悲の姿は、一体、私たちに何を教えて下さっているのでしょうか。現代は索漠とした自己中心の世の中です。それ故に一方ではいろいろな意味で「共生」ということが叫ばれています。共生はもらうだけでは成り立ちません。与えることがなければならないのです。観音さまの慈悲の姿は、慈悲をもらうだけでなく、与える者になれよと教えて下さっているのではないかと思うのです。観音さまに手を合わせて拝むとき、自分の姿を観音さまに重ねてみては如何でしょう。はたしてぴったりと重なるでありましょうか。

観音さまのお顔

日本人が好んで信仰している仏さまに観音菩薩という仏さまがあります。その観音菩薩はどのような仏さまなのでしょうか。まず「菩薩」とは、仏になろうとして修行している者をいうのですが、観音菩薩の場合はすでに仏の資格を持ちながら衆生への慈悲のあまり、安閑と仏の座に坐っておれず、一段下がって菩薩の位で現世におりてきて衆生救済に励んでおられる仏さまだといわれています。つぎに「観音」とは、「音を観る」と書きますが、音は聞くもので見るものではありません。しかし、『観音経』には、「苦悩する衆生が一心に（観音菩薩の）名を称えるならば、観音菩薩は即時にその音声を観じて皆解脱《げだつ》せしむ」とありますから、観音菩薩は衆生の苦難の叫び声を聞くや、その本質を観て、すぐさま対策の手を打つ、というわけで「叫び声の本質を観る」という意味での「観音」なのですね。実行力ある慈悲心の持ち主であられるわけです。

　ところで、仏像のお顔というものは、微笑みの顔のようにも怒った顔のようにも両方のお顔に見えるように思います。拝む者の心によって、どちらにもなるよう微妙なお顔をしておられます。事実、観音菩薩のなかに十一面観音という十一のお顔をもった観音さまがおられて、正面の三つのお顔が慈悲《じひ》面、左の三つが瞋怒《しんぬ》面、右の三つは狗牙上出《くがじょうしゅつ》面、背後の一面が暴悪大笑《ぼうあくだいしょう》面、そしてその上に仏面があり、優しい顔から怒った顔までいろいろあります。これは微妙に造られているのではなく、明確に区別して造られているわけです。観音さまの本質は慈悲ですが、かといって、いつもにこにこ人間の願いを聞いておられるだけではありません。悪いことをすれば怒りの相を示し、よいことをすればほめて下さいます。観音さまを信仰される人は、きっと、その時どきで違って見える観音さまのお顔を拝んでおられるにちがいないと思います。

　また、「慈悲」については、他者に安楽を与える「与楽《よらく》」（慈）と、他者の苦に同情しその苦を除こうとする「抜苦《ばっく》」（悲）の二つの意味で説明されますが、前者が楽というプラス面を重ねようとするのに対し、後者は苦というマイナス面を除こうとするわけです。これを医療世界に当てはめますと、医学の力で患者さんの病気を治し、健康体を取り戻そうとする「キュア」（治療）が「慈」（与楽）に当たり、すでに治療不可能となり、死と向き合わざるを得ない末期ガンの患者さんの恐怖心や不安を取り除こうとする心の「ケア」（支え）が「悲」（抜苦）に当たると言えそうです。観音さまのお顔をしたお医者様に診てもらいたいですね。

南無釈迦牟尼仏（なむしゃかむにぶつ）

私が住職をしておりますお寺でも時どきお見うけするのですが、本堂にお上がりになり、ご本尊さまに向かわれて「ナンマイダブツ、ナンマイダブツ」とお唱えになる方がおられます。ご本人は、ごく自然になさっておられるようですので、何も申し上げないようにしておりますが、今回は一言だけ申し上げておきたいと思います。

私たちは禅宗のなかの曹洞宗《そうとうしゅう》に属します。全国に一万数千カ寺を持つ日本最大の教団です。開祖は永平寺のご開山である道元禅師《どうげんぜんじ》、教団発展の基礎を築かれたのは総持寺のご開山である瑩山禅師《けいざんぜんじ》です。そしてご本尊さまは「釈迦牟尼仏」（お釈迦さま）をおまつりしています。したがって、ご本尊さまに向かってお唱えするときは、「南無釈迦牟尼仏」（ナムシャカムニブツ）とお唱えしていただきたいと思います。「南無」とは、「ナーム」というインドの言葉の音を漢字で写したものです。「帰依したてまつる」という意味です。ですから、「南無釈迦牟尼仏」とお唱えするということは、ご本尊さまである釈迦牟尼仏に帰依いたします、すなわち、信仰いたします、ということになるわけです。

ところで、「ナンマイダブツ」の方はといいますと、これは「南無阿弥陀仏」（ナムアミダブツ）のくずれた言い方でして、阿弥陀仏を信仰いたします、という意味になります。阿弥陀仏は浄土真宗（真宗）や浄土宗のご本尊さまでして、阿弥陀仏を信仰するということは、浄土真宗や浄土宗の信者であるということになりますから、曹洞宗の信者である方が釈迦牟尼仏のご本尊さまに向かって「ナンマイダブツ」とお唱えすることは甚だおかしいことになりましょう。どうか、曹洞宗の檀信徒である場合は堂々と「南無釈迦牟尼仏」とお唱えいただきたいと思います。特に私たちの曹洞宗は坐禅をモットーとする宗派でありますから、お唱えするときも姿勢を正し合掌して「南無釈迦牟尼仏、南無釈迦牟尼仏、南無釈迦牟尼仏」と三回お唱えいただきたいと思います。そのことだけで、その日の心の垢をご本尊さまに拭い取っていただけることと思います。

戒名について

戒名《かいみょう》とは、一般に、死後の名前であると理解されているようです。そこで私は、「戒名とは死後の名前ではなくて、生前に受戒（仏教の戒を受け仏教徒になる儀式）をしたときに付けてもらう仏教徒としての名前であり、その方が亡くなられたときも、その仏教徒名である戒名でお葬式をすることになります。しかし、生前からそういった戒名をお持ちの方は少ないために、葬儀に先立ち先ず戒名をお授けして正式に仏教徒になっていただき、そして葬儀をするのです」と申し上げています。ところが仏教の発祥地インドでは、出家すなわち受戒したときに本名とは別に仏教徒名（戒名）を付けてもらうことはなく、出家しても本名のままであったようです。どうも、出家したとき戒名が与えられる習慣は中国で始まったようです。中国では男子が成人すると本名とは別に字（あざな）を持ち、また死後は諱（いみな）で呼ばれましたが、このような中国の習慣が下敷きとなって、出家時に本名とは別に仏教徒名としての戒名が付けられるようになったようです。しかし、これは日本に見られるような葬儀のとき死者に戒名を付ける習慣とは異なります。もともと仏教は葬儀とは無縁でした。インドではヒンドゥー教が、中国では儒教が葬儀を担当していたのです。ところが中国禅宗では生活全体を修行としてとらえ自分たちのことは自分たちでする主義でしたので、修行僧仲間の葬儀も儒教の仕方を取り入れ独自にするようになりました。また、念仏により死後に極楽浄土に往生して救われると説く浄土教の教えは仏教に死後の問題を持ち込むこととなり、禅僧用の葬儀をモデルに一般在家用の葬儀法が作られ、日本で定着しました。このようにして、仏教が葬儀を担当するようになると、在家者と出家者を区別するための戒名がいつのまにか生者と死者を区別するための戒名に変わってしまったのです。死者の名前として定着した戒名ですが、故人を偲ぶ大切な名前として大事にしていただきたいものと思います。

お　墓

最近、テレビや新聞などでお墓の話題がたびたび取り上げられています。皆さんもご覧になられたかと思います。そこで問題とされる一番の関心事は、お墓に入った後、いったい誰が世話をしてくれるかということだったと思います。お墓というのは家単位ですから、その家の後継者がいない場合は、そのお墓の世話をする人がいないことになり、そのお墓は無縁仏になってしまうという問題です。誰しも自分が無縁仏になってしまうのはいやですから、子どものいないお年寄のご夫婦は何よりもそのことが気になるというわけです。核家族化した上に、子どもを産まない傾向にある現代では、こういう悩みを持っておられるお年寄が意外と多いようです。これに答えようと、京都のあるお寺では合同の納骨堂を、新潟のあるお寺では共同のお墓を建て、お寺が代わって永代供養をするということを始めると大変な反響があったということです。ある年輩のご夫婦は墓地を買ったものの、後をみてくれる者がおらず悩んでいたところに共同のお墓のことを知って、早速申し込み、これでやっと自分たちの行く場所が決まったと、まるで公団住宅でも当たったような喜びようでした。その画面を見ていると、日本人の来世観が浮き彫りになっているのを見る思いでした。

すでに何年か前になりますが、私が以前おりましたお寺でも、お檀家の方からご相談を受け、その方のご協力もあって、そのお寺に永代供養用の納骨堂を建てた経験があります。今も納骨希望者が続いています。今おりますお寺（海潮寺）でも、今年（平成二年）の春、位牌堂の改築が決まりましたが、その地下に永代供養用の納骨堂を併設する計画です。

死後も誰かに世話をしてもらいたいというのが日本人の素朴な思いでしょう。皆様方のご先祖さまもきっとそう思って亡くなられたことでしょう。してくれると思って亡くなられたご先祖さまに安心していただけるよう、つとめたいものと思います。

仏　壇

暑い夏と共にお盆が近づきました。お盆にはご先祖さまがお帰りになるし、都会からは息子さんたちが孫を連れて帰ってくるし、にぎやかなことと思います。

ところで、お盆を契機に年に一度、田舎に帰り、ご先祖さまにご挨拶を申し上げ、親にも元気な姿を見せて安心してもらうという日本の伝統的風習はとても意義深い良い風習だと思います。しかし少しだけ注文を付けたいこともあります。

それは、ご先祖さまは田舎におられるという固定観念を持ってはならないということです。つまり、田舎の親の家に仏壇があるから、都会の自分たちのアパートには仏壇などはなくてもよいという考えです。結婚以前であれば、それもいいでしょう。しかし、結婚して一家を構えたのであれば、小さくてもいいですから、是非仏壇をおまつりしていただきたいと思います。なぜこのように申し上げるかというと、これから生まれてくる子どものためなのです。都会に出られた若い方も、小さいときは仏壇のある田舎の家で、仏壇に向かって手を合わせる雰囲気のなかで育ったことと思います。しかし、都会のアパートで生まれた子どもたちは、理屈ぬきの宗教的雰囲気を自然に身につけることができるとても大切な時期を、仏壇の無い、手を合わせるという雰囲気、すなわち宗教的雰囲気の無い世界で過ごさなければなりません。私たちが、自分と比較できるような他者への意識は、近所の子ども同士がわいわいがやがや喧嘩をしながら遊ぶなかで作っていくものと思いますが、自分とは比較にならないような大きな存在については、やはり、何かに対して手を合わせるという行為のなかで意識し始めるのではないかと想像します。そのとき、日常生活のなかに手を合わせる対象が何もなかったとしたら、そのような心も育ちようがないではありませんか。それでなくても、現代の親は我が子が学校に行くようになるや否や受験地獄という競争社会に追いやります。競争社会ではまわりの子は競争相手でしかありませんから、毎日、自己中心主義を吹き込んでいるようなものです。是非、小さなお子さんのいるご家庭には必ず仏壇があって、毎朝子どもたちがご先祖さまに手を合わせご挨拶をしてから一日が始まるという伝統的な日本人の生活環境を取り戻そうではありませんか。田舎でご先祖さまをお守り下さっているご両親も都会に出ている若い方たちに是非勧めてあげて下さい。どんなものを用意したらよいかなど不明な点は、お世話になっている菩提寺に相談いたしましょう。

霊のたたりはあるか

昔も今も、霊のたたりを気にしておられる方は多いようです。はたして「霊のたたり」はあるのでしょうか。私も頼まれると、ご祈禱をいたします。しかし、「霊のたたり」があると信じているからではありません。「自分は霊にたたられている。なんとかしてほしい」とわらをもつかむ思いでいる人に、「霊のたたりはありません」とそっけなく言ったところで何の役にも立たないでしょう。むしろ、その人を仏さまの前にご案内し、「あなたが苦しんでおられるのでしたら仏さまのご加護をいただきましょう」と言ってご祈禱をしてあげますと、仏さまのご加護があったのでしょう、その人の悩みが解決する場合が多いようです。「これでご加護がいただける」という思いがその人の気持ちを楽にさせ、それが問題を解決させる方向に導くのではないかと思います。それこそがご加護というものでありましょう。ご加護を信じることのできる人は、いただいたご加護に対して感謝の気持ちを持つことのできる人のようです。

仏教の教理からすると「霊（魂）」というものはないことになりましょう。しかし、ご先祖さまを供養するというような場合はどのようになるのでしょうか。この場合も、ご先祖さまの霊を供養するというよりも、ご先祖さまそのものを供養するといった方がふさわしいのではないかと思います。ところで、ご先祖さまの年回忌がきたとき、「法事をしないとたたりがあるから法事をする」などとは夢々思わないで下さい。親というものは、死んだからといって子どもに不幸を願うようなことをするはずがありません。親は自分をおいてでも子の幸せを願うものです。そんなお世話になった親の年忌に「たたり」を気にして法事をする程罰当たりなことはないでしょう。生前に口で言えないお世話をいただいた、そのことへの感謝の念を形に表明したものが「法事」といわれるものかと思います。たたりが気になる人は、日常生活のなかで何か後ろめたいものがあるのではないでしょうか。日常の生活を正すことによって、「たたり」を吹き飛ばしては如何でしょう。

お盆

お盆はご先祖さまの魂祭《たままつり》として国民的行事となった大切な仏教行事です。正式には盂蘭盆《うらぼん》会《え》といい、『仏説盂蘭盆経』によりますと、釈尊（お釈迦さま）の十大弟子の一人、目連《もくれん》尊者と亡き母親との悲しい物語に由来します。

ある日のこと、目連尊者は父母の恩に報いようと神通力で死後の世界を見ました。亡き父は幸い天上界に生まれていましたが、亡き母は業障《ごっしょう》によって餓鬼《がき》道に堕ち、骨と皮の哀れな姿となっていました。尊者はすぐさま神通力でご飯を鉢一杯に盛って供養しましたが、ご飯は火炎となり亡き母は食べることができません。尊者は大声で泣き悲しみ救いを釈尊に求めました。そして釈尊より、七月十五日は修行期間の最終日であり、たくさんの修行僧が一堂に集まり、過去を反省懺悔《さんげ》して、さらに仏道修行に励もうと誓う日であるから、この日にご馳走を諸仏衆僧にお供えして父母のために回向《えこう》をたのむがよい。たくさんの僧が心から唱える回向の功徳は広大無限であるから、きっと亡き母は餓鬼道から救われるであろう、との懇切なる教示をうけ、目連尊者は教えの通りに父母に報恩追善の誠をのべ、それによって亡き母は救われたと説かれています。

経典がこのように説くお盆は、その原義からして亡くなられた祖先・父母に対する報恩儀礼ですが、施餓鬼（施食）の行事と習合することによってご先祖さまの魂祭りとして発展しました。その施餓鬼とは、お盆と同様に釈尊の十大弟子の一人である阿難尊者の話に由来しますが、供養してもらえない霊（すなわち餓鬼）に供養し、誰でも救わずにはおかないという仏の大慈悲からでた行事だといわれています。

また、インドでは七月十五日は右に述べたように修行僧が在家の人たちから供養を受ける日でしたが、中国でも、ちょうど同じ七月十五日が畑作の収穫祭（中元）で、贈り物をしてお祝いをする日に当たります。そんなわけで、修行明けの供養とお中元が一緒になってお盆の風習が盛んになりました。お盆には精霊棚を設けてご先祖さまをお迎えし百味五果をお供えします。そのなかにキュウリとナスが入っていて、おがらを祈って脚をつけますが、それはキュウリを馬に、ナスを牛に見立てているからです。ご先祖さまは年に一度しか来られませんから、来られるときは馬に乗ってできるだけ早く来ていただきたいし、お帰りになるときは牛に乗ってできるだけゆっくり帰っていただきたいという願いが込められています。また、精霊棚やご仏壇の前に、あるいは玄関先に提灯をともすのはご先祖さまがまよわないように道案内をするためだといわれています。十三日にご先祖さまがおこしになり、十六日にお帰りになるまで、お墓参りや盆踊をし、一緒に美味しいものを食べてご先祖さまと楽しく過ごす期間がお盆です。このお盆にはお正月とともに国民的大移動が起こるほど、都会に出た若者が田舎に帰ります。そして家族みずいらずの日を過ごします。お盆は家族の触れ合い語らいのチャンスでもあるわけです。親子がギクシャクする昨今、ご先祖さまに導かれ、意義あるお盆を過ごしていただきたいものと思います。

お盆の心

今年（平成五年）のお盆は始めから終わりまで雨にたたられ大変なお盆でしたが、何とか終えることができ、ほっとしているところです。皆様は如何でしたでしょうか。傘をさしてのお墓参りではお盆らしくありませんね。でも、雨をおしてのお墓参りにご先祖さまもお喜びであったかも知れません。

お盆には各ご家庭のご仏壇を清め、地方によっては精霊棚を飾り、迎え火を焚いて、そしてご先祖さまの霊をお迎えします。お盆のときにご先祖さまの霊をお迎えするのであれば、日ごろはご先祖さまはどこにおられるのか、というやかましい議論もありますが、日ごろもご仏壇に向かえばご仏壇におられるし、お墓にお参りすればお墓におられると思います。しかし、お盆のときは特別なのでして、新潟地方では一つのお霊供膳にご先祖さま用のお箸と自分たち用のお箸を向こう側とこちら側にそれぞれ置くのだそうです。これはお盆のときは一つのお膳をご先祖さまと自分たちとが一緒にいただくことを意味しています。平生はご先祖さまには一段上にいてもらって敬い奉っているのですが、お盆のときは家族皆が居るところに降りてきてもらって、皆と一緒に過ごしてもらう期間なのだと思います。だからご先祖さまだけでなく、日頃は都会に出ている家族も、帰省ラッシュの苦労をものともせずに帰って来てくるではありませんか。今時の「迎え火」はご先祖さまのためだけでなく、都会に出ている家族を迎えるためのものでもあると言えるかも知れません。

ところで、最近ではお盆の帰省客が減りつつあるとも聞きますが、寂しいことだと思います。お盆はお盆らしく、故郷の家で家族共々ご先祖さまと一緒に過ごし、生前お世話になったことのお礼を述べ、また自分の近況を報告し、一緒に語り合い、一緒に盆踊りを踊って、ご先祖さまと楽しく過ごすひとときを持とうではありませんか。

お彼岸

暑い暑い夏は本当にくたびれるという感じですが、皆様はいかがでしょうか。でも、暑さ寒さも彼岸までというように、お彼岸が来るとしのぎよい秋となり、やがては寒い冬となります。今度は暖かい日のことばかりを考え、春の彼岸が来るとうれしくなってくるのです。この春秋両季のお彼岸のころは一年の内でも最も過し易い季節ですが、この時期を選んで法会を営み、お墓に参ってご先祖さまの霊を供養してきた日本だけにあるこの伝統を改めて素晴らしいなと思うこのごろです。

春秋の両彼岸は春分と秋分という昼夜等分の日が選ばれているわけですが、一体このことにどんな意味が隠されているのでしょうか。そうです。一方にかたよらないバランスを説く仏教の教えが隠されているのだと思います。自然を見て下さい。実にバランスがとれているではありませんか。草は太陽のエネルギーでおおきくなり、鹿はその草を食べて生きています。ライオンはその鹿を襲って食べますが、それをかわいそうだと思うのは人間の勝手です。もしライオンが鹿を襲わなかったら、鹿は増えすぎて草が足りなくなってしまい、鹿は全滅してしまうでしょう。ライオンが鹿をほどほどに襲って草も鹿もライオンも共に生きることができるのです。腹いっぱいになっても鹿を襲うライオンは決していないのが自然の世界です。ところが、人間の世界はどうでしょう。お金を持てば持つほどさらにお金を欲しがります。自己中心的欲望は満たされることなくどこまでも膨らみ続けます。人間は自分自身でバランスをとる智慧を持とうとしない限り、ライオンのいなくなった鹿になってしまうことでしょう。お彼岸の日を前に、素晴らしい秋景色の自然をながめながら、バランスの智慧を感じ取ってみようではありませんか。

供養の心と仏教

一般に供養《くよう》と云えば先祖供養が思い起こされます。そして、供養されるのはご先祖さまです。でも、これは日本での話でありまして、東南アジアでは供養されるのは現に生きて修行に励む修行僧であり、ご先祖さまではありません。実は、こちらの方が本来の供養のありかたです。なぜ修行僧に供養するかと言いますと、戒律を守った正しい生活をする修行僧に供養することは大きな功徳を積むことになるからです。東南アジアの人びとは輪廻転生《りんねてんしょう》の考えを堅く信じています。そして、彼らは死後の来世は悪いところ（地獄や畜生の世界）に生まれないように、もう一度、人間世界に生まれて来世は幸せになれるよう願っています。その願いをかなえてくれるのが修行僧に供養することによって積む功徳なのです。

一方、日本ではどうして先祖供養かと言いますと、日本には古代より祖霊崇拝ということがありましたし、仏教が日本に伝わる前に中国に伝わった段階で儒教と習合することで、仏教は「孝」という考えを取り入れました。孝とは、親や先祖を大切にすることですから、仏教が孝の考えを取り入れることによって先祖供養というものが成立しました。この場合の供養は敬う気持ちでなされたことでしょう。しかし、日本古来の考え方としては、死者の霊に対する供養を怠れば祟りがあるという考えもあったと思われます。逆に、充分に供養を受けているご先祖さまは自分たちの生活を守ってくれ、幸福や豊作をもたらすとも考えられました。そして、その供養は自分ですることもできるのですが、基本的には僧侶にお願いするかたちが取られてきたようです。「僧に供養」して功徳を積み来世の幸福を願う東南アジア型と、僧に頼んで「ご先祖さまに供養」し現世の幸福を願う日本型とがあることになりますが、いずれにしても供養というものは、来世と現世の違いはあるにせよ、それによって幸福を願うということについては共通していることになるわけです。

先般、あるご高齢のおじいさんがご相談に来られました。このおじいさんは身寄りがないため、ご先祖さまの供養のことと、ご自身の葬儀のことが心配で相談に来られたのでした。考えてみますと身寄りがないということは本当に寂しいことだと思った次第です。ご相談の件については、当山には、後継者がいない方のために永代経とセットになった納骨堂のあることやご自身の葬儀については私が責任をもってお引き受け致しましょうとお話しし、一応安心していただきました。その後で、おじいさんは、「私の人生は苦しいことばかりだった」としみじみ言われました。今考えれば、おじいさんには「ご先祖さまに供養し現世の幸福を願う」お気持ちがあったのではないかと思います。そのときは、私にはおじいさんのそんな気持ちを察する余裕がなかったようで、「人生は苦しい」という言葉を聞くと反射的に次のような説教をしてしまいました。

「人生はすべて苦であるということを、最もはっきりと認識された方がお釈迦さまだと思います。お釈迦さまは、なぜ苦が起こるかということも説いておられます。現実世界のあるがままの道理と、こうあってほしいという私たちの願望の世界との間には大きなギャップがあります。自分たちの願望の世界に立ってものを考えると、そのギャップのために思い通りにならず、苦が生じてきます。現実世界のあるがままを正しく徹見し、その立場に立てば、ギャップはなくなり、苦も起こりません。これがお釈迦さまの説かれた苦を克服する方法だと思います」

こんな風に生意気に申し上げたのです。そうすると、おじいさんは言われました。「私はいろいろな苦労をしてきたが、人並の幸せもなかった」と。このとき、お釈迦さまだったら何と答えられるのか私には分かりませんが、仏教の理屈からすれば、人並の幸せを求めることをも捨ててはじめて、あるがままの世界に立てるという答になるでしょう。もちろん、私にそのような言葉が言えるはずもありません。私自身、曹洞宗の僧籍はあるものの、人並の幸せを求めているに違いないからです。仏教の理屈とそして現実の人間の願いと、二つの入り混じった只中に私たち坊さんは立たされているのだなあとつくづく感じた次第です。

善悪

皆さん誰もが、悪い事はすべきでなく善い事をすべきである、とお考えでしょう。でも「善い事とは。悪い事とは」と聞かれたとき、ちょっと返事にこまるのではないでしょうか。もちろん、善い悪いの区別は皆さんがよくおわかりのことと思いますが、ただ、「善い事とは」と正面切って聞かれたときに、私たちは困ってしまうのです。

そこで、お釈迦さまはどんなふうに答えておられるか、お経を紐解いてみることに致しましょう。『法句経《ほっくきょう》』に「諸悪莫作《しょあくまくさ》　衆善奉行《しゅぜんぶぎょう》　自浄其意《じじょうごい》　是諸仏教《ぜしょぶっきょう》」（悪い事をせず、善い事をして、自分の心を浄らかにする。これが諸仏の教えである）と説かれています。すなわち、お釈迦さまは善い事をして心を浄らかにすべきことを教えておられるのです。逆に悪いことをすれば、心は汚れてしまうでしょう。以前、東京に住んでいたとき、こんな経験をしました。

夕方、くたくたに疲れて電車に乗り、一つの空席を見つけて、しめたとばかり坐り込みました。ところが、すぐ後から杖をついたおばあさんが乗って来るのが見えました。どうしょうかと迷いましたが、ついそのまま狸寝入りをしてしまいました。目は閉じていても、おばあさんが気になって眠れません。心はかえってくたくたになったのをよく覚えています。これとは逆に、お年寄を見て、スッと立って席を譲れたとき、とても清々しい気持ちになれたのも覚えています。お釈迦さまの教えられた浄らかな心とはこの清々しい気持ちのことではないでしょうか。

善悪をこれこれと説明するのは大変なことですが、自分の行いが善であったか悪であったかは人に聞くまでもなく、自分自身の気持ちがはっきりと教えてくれるように思います。清々しい毎日をおくりたいものです。

三界唯心（さんがいゆいしん）

仏教では、「三界唯心」という言葉を説いています。これは『華厳経《けごんきょう》』というお経に説かれている言葉ですが、分かやすく言いますと、「この世のすべては、心の現れたものに外ならない」という意味かと思います。山も川も、木も草も、すべては自分の心から現れ出たものだというのです。でも、私たちはなかなかそのようには理解できません。目の前にある湯呑茶碗が、自分の心から現れ出たものだと考える人はまずいないでしょう。この茶碗は確かにお店で買ってきたもので、心から現れ出たものではありません。しかし、もしこの茶碗が何かの記念の茶碗だとしたらどうでしょう。割れないように大切に使うにちがいありません。もし、記念の品だと知らない人が、ぞんざいに扱おうものなら大声を出すかもしれません。大声を出された方の人は、きっとびっくりすることでしょう。このように、同じ一つの茶碗を見ても、人それぞれ違って見えてくるものです。何も茶碗に限ったことではありません。あらゆる物を見るとき、聞くとき、私たちは必ずや自分の思惑を合わせて考えているものです。ときには、はなはだ勝手な思惑にしばられていることもあります。家庭内で夫婦が争い、外で他人と争うとき、多くはこの勝手な思惑が原因のように思われます。思惑ぬきに物を見ることができるようになると、同じものが見えてくることでしょう。そうすれば、争い事なぞなくなるはずです。でも、私たち凡夫にはなかなか難しい事です。ですから「三界唯心」とお経に説かれているに違いありません。

悩み事に打ちのめされ、どうにも身動きとれないとき、ほんの少しでも静かに坐って、自分の心を看てみましょう。何か今までと違って見えてくるのではないでしょうか。

今を生きる

言葉というのは不思議ですね。皆様もよくご存じと思いますが、古代ギリシャの哲学者ゼノンは「アキレス（ギリシャ神話の英雄）は亀を追い越すことができない」と言いました。なぜなら、アキレスが亀のところに達する間に亀はその少し先へ進み、これを無限に繰り返すからというのです。現実には簡単に追い越すことができるでしょうが、言葉にすると、こういうことになります。言葉は人にものを伝えることができる大変便利な道具ですが、一方で、言葉で考える限り、現実のありのままをつかまえきれないことを知っておかなければなりません。言葉の世界に住んでおりますと、過去も未来も歴然と存在するかの如くですが、現実には「今」が連続しているだけだと思います。窓の外をジーッと眺めていますと、木の枝がやさしく揺れています。その「今」の連続と比較できる過去があるかどうか、未来があるかどうか、と考えてみますと、現実には無いというべきでしょう。あるのは言葉で考えた「過去」や「未来」があるだけです。

私たちが「苦しみ」を感じているとき、往々にしてこの言葉の世界にすぎない「過去」や「未来」に苦しめられていることが多いのではないでしょうか。現実にはそのような「過去」も「未来」もありません。あるのは今の連続だけであります。その「今」に徹する生き方こそ真の生き方というべきでしょう。そこには自分を苦しめている過去も未来もないのです。

経典に次のようにあります。

「過ぎ去れるを追うことなかれ。いまだ来たらざるを念《ねが》うことなかれ。過去、そはすでに捨てられたり。未来、そはいまだ到らざるなり。されば、ただ現在するところのものを、そのところにおいてよく観察すべし。揺らぐことなく、動ずることなく、そを見きわめ、そを実践すべし。ただ今日まさに作すべきことを熱心になせ[18]」（『中部経典』一三一）。

少欲知足（しょうよくちそく）

今の地球上で進行している「種の絶滅」や「人口爆発」は、いずれも人間の勝手な行動が原因と言えましょうが、どこかのCMに「すごい、簡単、気持ちいい、……」というのがありました。このCMに感じられる人間のあくなき追求こそ、まさに「人間の勝手な行動」というべきでしょう。そこで思い出されるのが「少欲知足」の教えですが、しかし、この教えを、単に「我慢」の教えだとかたづけてしまってはいけないように思います。第一、贅沢《ぜいたく》の実を食べてしまった現代人に、目の前にある贅沢を食べずに我慢しろと言ったところでほとんど意味がないでしょう。「少欲知足」の教えにはもっと別の意味があるはずです。

　そこで経典を紐解きますと、「少欲の人は……諸根のために牽《ひ》かれず」とか「不知足の者は、常に五欲のために牽かれて、知足の者の憐愍《れんびん》する所と為る」とあります。すなわち、少欲知足の人は、眼《げん》・耳《に》・鼻《び》・舌《ぜつ》・身《しん》の五根による感覚的欲望によって振り回されない、というのです。この経典の意味するところは微妙です。経典では、少欲の人は諸根（眼・耳・鼻・舌・身の五根のことで五つの感覚器官をいう）に振り回されないと言っていますが、五根の対象である外界の事物（色《しき》・声《しょう》・香《こう》・味《み》・触《そく》）に振り回されないとは言っていません。外界の事物に振り回されないという教えでしたら少欲とは我慢することでしかないでしょうが、五根、すなわち感覚器官に振り回されないと言っています。その真意は何でしょうか。

仏教では、感覚器官から誘発される欲望は生きるために最小限のものは必要であるとして認めますが、外界の事物は幻の如きものとして基本的には否定します。なぜ幻の如きものなのかと言えば、無常なるものだからです。無常なるものは確固たるものではなく、執着に値するものではないからです。にもかかわらず人間は外界の事物に執着します。そして、それが無常なるものであるが故に人間の期待を裏切ることとなり、その結果、人間は苦悩を生じます。そうならないためには、外界の事物は無常なるものであり、執着に値するものではないことを知る「智慧《ちえ》」が必要となります。智慧を獲得し、外界の事物は無常なるものであり、執着に値しないと知ることができれば、自ずと感覚器官に振り回されることの無意味さを知り、したがって、それらに振り回されることもなくなり、苦悩を生ずることもなくなるでしょう。無理して我慢する必要はないのです。要は智慧の獲得です。

このように、「少欲知足」の裏には外界の事物の無常なることを知る「智慧」の教えがある訳です。智慧を学び、安らぎを獲得する教えが仏教でありますが、それを学び体得することによって自ずと少欲知足も身につき、ひいては環境保全も回復してくるものと信じます。

なぜ「無我」なのか

仏教は「無我の教え」だと言われています。自我を抑えるという意味では納得できますが、主体的な自分まで無いというのでしょうか。釈尊《しゃくそん》がどういう意味で「無我」を説かれたか考えてみる必要があるでしょう。

釈尊は二十九歳で出家され六年間の修行の後に三十五歳のとき悟りを開かれたと伝えられています。釈尊が修行されたときはまだ仏教はありません。他の修行者と共に断食を主とした「苦行」なるものをされました。当時の考えでは、誰にも「我《が》」（アートマン）というものがあって、それを煩悩（正確には「業」）が覆い隠しているために人びとは迷い苦しんでいるが、苦行（断食）によって煩悩（業）を削り取り、「我」の汚れ（煩悩）を落とせば、それが解脱であり、死後、不死（永遠常住）の世界に赴くであろう、と考えられていました。釈尊もそれに習って六年間、断食を主とした苦行をして「我」の汚れを落とそうされたのです。その点はガンダーラから出土した有名な「苦行釈迦像」が証明しているでしょう。しかし釈尊は六年間の苦行の末に「我の汚れを落として不死の世界に赴く」というような考えの誤りであることを悟られました。すなわち、そのような「我」なるものは私たちの身体のどこにも「無い」と見破られたのです。これが「無我」ということです。釈尊がわざわざ「無我」ということを説いたのは、仏教以前の教えが、ありもしない「我」を説いていたからに他ならないでしょう。そして、釈尊は「私が説いた法（ダルマ）とあなた方自身（アートマン）をたよりに修行をしなさい」と遺訓を残しておられるように、主体的自分を大切にしなさいと説いておられるのです。また、釈尊は「無我」と共に「無常」ということを説いておられます。「無常」とは変化すること、例えば若者が老人になることです。これは世の鉄則です。でも私たちの煩悩はこれをいやがります。この煩悩は無常を無常として受け入れようとせず、無常であるのに常住であれと駄々をこねます。ここに苦のおこる原因があると釈尊は見抜かれました。「我を煩悩が覆っているから苦がある」といったことではなく、そのような「我」といったものはもともと存在しないのであり、そうではなくて、「無常なるものを無常と見ずに、常住であれと駄々をこねるから苦がある」というのです。釈尊の教えは見事なまでに合理的です。

無常の哲学

『涅槃経《ねはんぎょう》』に「諸行は無常なり、これ生滅の法なり。生滅が滅し已《おわ》りて、寂滅なるを楽と為す」という無常偈《げ》と呼ばれる短い偈文があります。「諸行は無常なり」とは、我々が感知している世界（諸行）は無常だということです。無常とは生滅のことだと説いてありますが、ある状態が生じてもやがて滅し、別の状態が生じて、それもやがては滅す。そのように生滅を繰り返し、状態が変わっていくことが無常ということです。ところが、まわりの世界は無常、すなわち変化しているのに、私たちの心はその変化について行こうとしないのです。たとえば、ひろさちや氏のコップの例え話がわかりやすいでしょう。

「ここにガラスのコップがあります。これで尿の検査をしたとします。そのコップは汚れますが、洗剤で洗い、熱湯消毒もすれば、完全に清潔になります。しかし、そのコップでビールをどうぞと言われても、なかなか飲めるものではありません。一旦汚れたコップに対しては、いくら洗っても汚れのイメージをぬぐい去れないのが人間だからです。コップは不浄の状態から浄の状態に変わっているのに、我々の心はその変化に即して変わることができず、不浄の状態に停滞（執着）してしまっているのです」

ここに「苦」というものが生じる理由がひそんでいます。すなわち、コップはきれいなのに私たちの心はそれを汚いと判断してしまい、そのコップを使うことができないという苦しみです。

そこで経典は「生滅が滅し已りて、寂滅なるを楽と為す」と説いていますが、その意味するところは、浄が滅して不浄が生じ、不浄が滅して浄が生じるということを繰り返す浄・不浄という生滅のありのままを知って、それに心を合わせることができれば苦は起こらず、浄・不浄の生滅は静まっている（滅し已りて、寂滅なる）も同然で楽である、ということかと思います。早い話が、エレベーターに乗ってしまえば、自分も一緒に動くわけですから、エレベーターの上下の動きは分からないのと同じです。要は、不浄のものは不浄として、浄のものは浄として素直に受けとめて、そのように扱えばよいわけです。自分の両手を思い出して下さい。どんなに汚くなっても洗えばなめることだってできるではないですか。世間に対してもそんな調子でできればきっと素晴らしい世界が開けてくることでしょう。

救われるということ

釈尊は非常に巧みな説法によって多くの人びとを救われたと伝えられていますが、そんな説法の一つに次のようなものがあります。ある若い母親は、自分の赤ん坊が死んで、悲しみのあまり半狂乱になっていましたが、評判の高い釈尊の噂を聞いて、赤ん坊を生き返らせてくれるかもしれないと思い相談に行きました。釈尊の返事は

「それはお気の毒だから、わたくしが赤ん坊を生き返らせてあげよう。村へ帰って、芥子の実を二、三粒もらってきなさい」

というものでした。芥子の実ならインドの農家にはいくらでもありましたから、その実で何かお呪《まじな》いでもするのかと思い、その若い母親は急いで村に帰ろうとしました。そのとき、その背

後から釈尊は声をかけました。

「ただし、その芥子の実は、いままで死者を出したことのない家からもらってこなければならない」

半狂乱の若い母親は釈尊の言葉の意味がよくわかりませんでした。こおどりして村にとって返した彼女に、村人たちは喜んで芥子の実を提供しようとするのですが、第二の条件に対しては、「とんでもない。うちでは両親の葬式も出したし、子どもの葬式も出した」という返事しか返ってきませんでした。家から家へかけめぐるうちに、その若い母親にも少しずつわかってきました。そして、ほとんど村中をまわり、釈尊のおられる森に帰ってくるころには、半狂乱もすっかり消え去り、すがすがしい気持ちになっていました。

この話で、釈尊は救う人であり、若い母親は救われた人であります。しかし、よく考えてみますと、この母親は釈尊に導かれながらも、自ら悟ることによって、半狂乱に陥った自分自身を救うことができたように思われます。救われ方にはいろいろあるでしょう。しかし、最後のぎりぎりのところでは、自分で自分を救うしかないように思われるのです。

悩み解決法

悩みを抱えておられる方は多いことでしょう。これを解決する方法があればすばらしいですね。それを今回はご紹介いたしましょう。ただし、ご紹介できるのは方法のみです。実際の解決には、それなりの努力（たとえば坐禅）が必要かと思います。その点はご了承下さい。さて、その方法とは、「心を空にして受け入れる」という方法です。

「悩み」とは「自分の対象が自分の思うままにならない」ということで、これはさらに分析的に言えば、「自分の対象」と「思うままにしたい心」とが一致していない状態と言えましょう。これを解決するためには両者を一致させればよいわけで、その方法に二つあります。第一は「自分の対象」の方を「思うままにしたい心」にかなうように変えるという方法、第二は「思うままにしたい心」の方を「自分の対象」に合わせるという方法の二つです。前者はよく見かける方法ですが、「自分の対象」を変えて「思うままにしたい心」に一致させようと思っても、「思うままにしたい心」の方が簡単に膨らんでしまうものですから、いつまでたっても解決はあり得ないことになります。後者は、「思うままにしたい心」の方を「自分の対象」に合わせるというのですから、解決にはならないように思われます。しかし、一致が解決であれば、立派な解決なのです。そして、実は、これが仏教のやり方なのです。

それでは、「思うままにしたい心」を「自分の対象」に合わせるとはどういうことなのでしょう。それは「自分の対象」をそのまま受け入れるということです。しかし、受け入れようと思っても、心のなかに「ああしたい、こうしたい」が一杯つまっていますと、入りません。

そこで心を空っぽにする必要があるわけです。心とは、中身が詰まっているべきではなくて、外側の「自分の対象」を受け入れる「器」であるべきなのですね。例えば、「自分の対象」が「年をとること」であるとすると、次のような風景が思い起こされます。あるご婦人が顔のしわが気になってたまらず、いろいろと高価な化粧品を試してみても満足できず、お金はかかるし顔は満足できず、とうとうノイローゼになってしまった、という話はいかにもありそうではありませんか。そうかと思うと、「若くありたい」なんていう心の中身を放り投げてしまって、おばあさんがしわくちゃの顔をそのまま受け入れて化粧もせずに、ニコニコしておられる風景も思い起こすことができましょう。こんなおばあさんのように、「自分の対象」である「年をとること」をそのまま受け入れることができればいいのだと思うのです。如何でしょうか。

中道とは

宗教学者の岸本英夫氏は宗教を定義して「宗教とは、人間生活の究極的な意味をあきらかにし、人間の問題の究極的な解決にかかわりをもつと、人びとによって信じられているいとなみを中心とした文化現象である」と述べています。そして、文中の「人間の問題」について、「欲求（生活活動の原動力）の生起、充足、解消という流れが、なめらかに流れていれば人間の問題は生じることはなく、心は安定した状態にあるが、その流れがなめらかに流れなくなると人間の問題が生じて、心は緊張状態になる」と解説しています。

ところで、世界の主な宗教は、欲求が解消し、心の安定した状態を求めるのに、野放しの欲求を充足するという方向ではなく、むしろ欲求を抑制するという方向で欲求・充足・解消の流れを流れや易くしているように思われます。すなわち、キリスト教でもイスラム教でも「最後の審判」というものが説かれ、いつ起こるか判らない裁きとして、人間の現世的な生活を強く規制していますし、仏教においても、輪廻転生《りんねてんしょう》が説かれて、現世に悪をなせば来世に地獄に堕ちると説かれて、いずれも、来世というものによって現世の倫理道の支えとし、心の安定をもたらそうとしています。ただ、仏教の輪廻転生説はヒンドゥー教の影響ですから、本来の仏教の教えとは言えないかと思います。

釈尊ご自身の教えは「中道」、すなわち、欲求を野放しに充足し続けるのでもなく、そうかと言って抑圧してしまうのでもなく、ちょうどよい状態にコントロールすることかと思います。その点について仏典（『雑阿含経』九、他）は次のような話を伝えています。それは、ソーナという名の比丘がきびしい修行をつづけていたようですが、いっこうにすぐれた境地に進めず悩んでいました。釈尊は悩んでいるソーナのことを知り、次のように話し掛けました。

「ソーナよ、琴をひくには、あんまり絃をつよく張ってはよい音がでぬのではないか」

「さようでございます」

「といって、絃のはりかたが弱すぎたら、やはり、よい音はでないだろう」
「そのとおりでございます」
「では、どうすれば、よい音をだすことができるか」
「それは、あまりに強からず、あまりに弱からず、調子にかなうように整えることが大事でありまして、そうでなくては、よい音をだすことはできません」
「ソーナよ、仏道の修行も、まさに、それと同じであると承知するがよい」

（増谷文雄訳[18]）

というものです。しかし、その「あまりに強からず、あまりに弱からず、調子にかなうように整えること」（抑圧しすぎるのでもなく〈苦行主義の否定〉、欲求の野放しの充足でもなく〈快楽主義の否定〉、ちょうどよい状態にコントロールすること）と表現される「中道」について、これまでの解説では、例えば『岩波仏教辞典』によると「相互に矛盾する二つの極端な立場（二辺）のどれからも離れた自由な立場[19]」というように解説され、二つの極端から離れて自由だとは説かれますが、あるバランスのとれた特定な状態の指摘はありません。しかし、経典には「調子にかなうように整えること」（same guṇe patiṭṭhitā）ということが述べられていて、ある特定のバランス状態の存在が示唆されています。この特定のバランス状態とはどのような状態をいうのでしょうか。それは、自分の心（欲求）とその対象とのバランスについて言われているものと思います。例えば、心では「おいしいものが食べたい」「若くありたい」のに、与えられた対象は「まずいもの」「しわが増えた」のとき、苦（思うままにならないこと／dukkha）が生じます。この苦を解消する方法として仏教では、対象を変えるのではなく心の方を変えます。すなわち「おいしいものが食べたい」「若くありたい」という心を変えるわけです。この変える方向に抑圧の方向と充足の方向とがあるわけで、抑圧しすぎ（「むしろ何も食べない」「どうでもいい」）でもいけないし、野放しの充足（「とにかくおいしいものが食べたい」「とにかく若くありたい」）でもいけないのであり、バランスのとれたちょうどよい状態が中道だというわけです。そのバランスのとれたちょうどよい状態とは、自分の心と与えられた対象とが一致した状態、すなわち、与えられた対象に対しそれで充分だと思える心を練り上げ、与えられた対象をそのまま受け入れる状態を言うでしょう。それは苦が生じないある特定のバランス状態です。苦が生じないのですから悟りの状態と言ってもよいでしょう。日常生活の中で与えられた対象に文句を言わずニコニコできれば悟りの生活です。これが中道の調律点に立った生活と言えましょう。

インドから中国へ

インドの初期仏典に次のような教えがあります。「過ぎ去れるを追うことなかれ。いまだ来たらざるを念《ねが》うことなかれ。過去、そはすでに捨てられたり。未来、そはいまだ到らざるなり。されば、ただ現在するところのものを、そのところにおいてよく観察すべし。揺ぐことなく、動ずることなく、そを見きわめ、そを実践すべし。ただ今日まさに作《な》すべきことを熱心になせ。たれか明日死のあることを知らんや。云々[18]」（『中部経典』一三一）。ここには、死は明日にも来るかも知れないから、今を大切に充実して生きよ、と説かれていますが、これは仏教の根本真理である「無常」（すべては変化する）の教えに基づきましょう。無常なるが故に、明日にも「死」という変化があるやも知れないということです。ところで、「今を充実せよ」に似たものに、禅語の「日々是好日」（毎日が充実している）というのがあります。これは似てはいますが違いもあります。インドの「なせ」という命令形に対し、中国の禅語は「（して）いる」となっていて、命令形ではありません。また、自ずから好日となっているというニュアンスもあるでしょう。この違いについては、中国の禅は、インド仏教と中国の老荘思想との合いの子だとも言われますから、老荘思想の影響が考えられます。その老荘思想とは、「無為自然」を説く思想とされますが、この場合の「自然」とは、nature の訳語（客体世界としての自然界）として私たちが普通に使っている場合の「自然」ではなく、「自ずから然る」、すなわち「他者の力を借りないで、それ自身に内在する働きによって、そうであること[10]」と森三樹三郎氏によって説明されているところの自然です。また、「無為」とは、人為を無くした状態のことで、「他者（人間）の力を借りないで」と同じ意味となり、「自然」を重ねて説明しているとも言われます。このような老荘思想では、人為的努力（はからい）を無くすことによって自ずからなる世界が開けてくるわけで、無常を徹見し無常にそって今を充実する努力を求めるインド仏教とはかなり様子が異なります。その両者のミックスが禅だということになると、簡単ではないわけです。

叢　林（そうりん）

禅の修行道場を叢林といいます。「叢」とは「むらがる」「あつまる」という意味です。たくさんの樹木の集まっているところが叢林で大きな林の意味です。管理の行き届いた美林はどの木もまっすぐに天に向かって伸びています。一本一本の木に気品すら感じられます。禅寺の叢林でも、多くの修行僧が規律に従って黙々と修行生活を送っています。そこには自分勝手なわがままは許されません。私情ぬきの生活が「鳴らし物」（合図用の鐘など）によって行われています。たくさんのなかにいるということはありがたいことです。わがまま勝手をしようと思っても、自分以外の者がいるとできなくなります。曲がった考えも自ずと正されてしまいます。そういった世界はなんと気品に満ち溢れていることでしょう。すくすくと伸びた木々が、もやの間から朝日を受けて、これ以上の清々しさはないといった姿に似ています。

曹洞宗門でも、昔は叢林というにふさわしい禅寺がたくさんあったようですが、現今では、永平寺と総持寺の両大本山と幾つかの地方僧堂ぐらいでしょうか。ほとんどのお寺が住職だけというのが常識化しているようです。住職以外に一人でも二人でもいれば、それだけで違ってくるでしょう。勝手な行動ができなくなるからです。必ずしも住職が弟子に目を光らすという一方通行だけではないでしょう。弟子の存在は住職にとっても監視人となるはずです。

精進料理（しょうじんりょうり）

禅寺の食事と言えば精進料理（なまぐさを含まない料理）と相場は決まっていますが、お釈迦さまはどうも肉食をされた様子です。お釈迦さまは悟りを得るために「執着（こだわり）」を捨てることを第一とされました。その結果、耕作によって食を得る生活までも禁止されました。恐らく、もっとたくさんの収穫をというこだわりの心が起こるからでしょう。それではどのようにして食を得られたのでしょうか。経典には「乞食《こつじき》を以て自活す」とあります。すなわち執着を捨てるためにすべてを捨て、身を保つだけの食を乞食すなわち托鉢《たくはつ》によって得られたのです。このようにして得られた食物は選り好みせず、何でもありがたくいただくのですから、肉の入った食物もいただかれたことでしょう。

ところが、お釈迦さまの時代から数百年後の大乗仏教時代になりますと、生きとし生けるものへの「慈悲の心」が強調され、肉食が禁止されることになりました。また、仏教が中国に伝わりますと、特に禅宗では、有名な高僧のもとに数百人の修行僧が集まり、托鉢の習慣のなかった中国では一カ所に数百人もが托鉢のみによる生活をしようとしても不可能となりました。したがって戒律を破ってまで田畑を耕す自給自足の生活が始まりました。食物を自ら得ることになったのです。しかし、不殺生戒を守る立場から、自ら得る食物にはなまぐさが含まれないのは当然です。このようにして禅寺では穀物と野菜だけの食事をとるようになり、これが「精進料理」と呼ばれるようになったのです。「精進料理」という言葉自体は仏道修行に精進（努力）する者のための料理という意味でしょうが、その中身が菜食の料理であったために広く菜食料理を精進料理というようになったものと思われます。しかし、単なる形式的精進料理ではなく、経典に、生き物を殺したり、物を盗んだりする非倫理的行為こそが「なまぐさ」であり、肉食が「なまぐさ」なのではないとか、肉食をしないなどの宗教的行為も執着があるうちはその意味をなさない、などと説かれていることを常に思い起こし、これがよくてあれはいやという「こだわり」、すなわち「執着」を捨てる精進（努力）をするところに「精進」の真の意味のあることを忘れないようにしたいものと思います。

以心伝心（いしんでんしん）

「以心伝心」とは禅語の一つで、「不立文字《ふりゅうもんじ》」や「教外別伝《きょうげべつでん》」とほぼ同じ意味で使われます。文字や言葉（経典）では真理は伝わらず、心から心へ直接伝えられるものだという意味です。

禅宗では、釈尊から迦葉《かしょう》尊者に仏法が伝わったことを「拈華微笑《ねんげみしょう》」という話で伝えています。あるとき釈尊が弟子たちを前に何ごとも説かず、ただ一本の花を手にして示したところ、迦葉尊者だけがその意を悟り、そのとき真の仏法が釈尊から迦葉尊者に伝わったというお話です。

少々わかりにくい話ですので、もう少し具体的でわかりやすい話を紹介しますと、中国宋代の法演禅師の「夜盗の術」という話があります。ある泥棒の親子がいました。息子は父親が年とともに衰える様子に不安をおぼえ、泥棒の奥義を教えろと迫ります。そこで父親は「では今晩ついて来い」と言い、二人で、ある豪家に忍び込みます。父親は息子へ長もちの中に入れと言いつけ、息子が入ったところで長もちの蓋を締め、外から鍵をかけてしまいます。父親は素早く外に逃げ「泥棒だ、泥棒だ」と騒ぎました。それを聞いた息子は親たる者が何たることかと恨みます。そのうち家の者が起きてきて万事休すです。そのとき、息子は窮しながらもふと思いつき「チュウチュウ」とネズミ鳴きをします。家の者が長もちにネズミがいると鍵をあけたところで、息子は飛び出し、逃げる途中で井戸に石をドボンと投げ込み、井戸に身を投げたかと思わせて、家に帰り着き、「どうやって逃げてきたか」と問う父親にかっかくしかじかと話したところで、父親は「夜盗の術の奥義をお前に伝授した」と言ったという話です。

この話でわかるように、禅宗での師匠から弟子への伝授は、弟子が自らもがきながら工夫して合格ラインに達したところで、師匠が「よし」と認可するというやり方です。師匠は口（言葉）で教えたりはしないのです。そのかわり師匠と弟子とは一緒に生活しなければなりません。そのなかで弟子は師匠から盗み取って自分のものとするわけです。今日の教育の不備はこの辺のところが足らないのではないかと心配です。

無心ということ

晩秋の頃だったと思いますが、萩の沖合にある大島に所用があり、定期便の船に乗りました。用を済ませた午後は夏に逆戻りしたようなよい天気で、帰りの船中では船室でじっとしているのが馬鹿々々しくなり、甲板に出て手すりにもたれて海の景色に見とれました。その日の日本海は本当に波一つ無い鏡のような海で、船に乗っていることを忘れて海の景色に吸い込まれました。夏の盛りならともかく、秋も終わり冬がやって来ようかという頃の日本海は、波しぶきの飛ぶ荒々しい姿が相場ですが、甲板でうとうとしたくなるような静かな海でした。

禅では「無心」ということを説きます。「心が無い」と書きますが、心が有ることは認めています。ですから、なかなかややこしく理解に苦しむ言葉ですし、いかにも禅問答に出てきそうな言葉です。どこに書いてあったか忘れましたが、此の「無心」の「心」が海水にたとえられ、波の全く無い状態が「無心」であると説かれていたように思います。波が無くなっても、海水（心）が無くなる訳ではありません。波があろうがなかろうが、そこに海があることに変わりはありません。ただ、波の荒れ狂う海は私たち凡夫の心であり、波一つ無い静かな海は仏の心という違いがあるわけです。

仏教では、誰にも仏心があると説きますが、本当だろうかと俄に信じることができないのですが、波の如く揺れ動く心が凡夫の心であり、波一つない鏡の如き心が仏の心であると説かれると、自分にも仏心となりうる心があるような気もしてきます。あのうっとりと吸い込まれるような静かな海を自分の心とすることができればいいわけなんですね。それが「無心」であり、「仏心」だということになるのでしょう。

ナンニモナラヌ

今日の曹洞禅を担っておられる人たちの多くが、その薫陶を受けたと言われる澤木興道老師の言葉に「坐禅して何になるか。ナンニモナラヌ」というのがあります。

中国唐代の禅匠、馬祖道一禅師（七〇九～七八八）と南岳懐譲《えじょう》禅師（六七七～七四四）との問答にも同じようなものがあります。

まだ馬祖が南岳のもとで修行をしていた頃の話です。ある日、師匠の南岳がやって来て、馬祖に問いました。「何をしているのか」「坐禅をしています」「何のために」「仏になるために」馬祖がそう答えると、南岳はかたわらに落ちていた瓦を拾って、だまって磨きはじめた。不思議に思った馬祖が南岳に問いました。「何をしているのです」「瓦を磨いている」「瓦を磨いてどうするのですか」「鏡にしようと思う」「瓦を磨いても鏡にはなりませんよ」「坐禅をしたって、仏になれんよ」という問答です。道元禅師も『普勧坐禅義《ふかんざぜんぎ》』のなかで「作仏《さぶつ》を図《はか》ることなかれ」（仏となりたいなどと思ってはいけない）と注意されています。

私たちは、坐禅をするときは仏になることを、勉強するときは試験に合格することを、仕事をするときは出世することなどなどを考えてしまいます。必ず何かのためにやるというのがホンネではないかと思います。澤木老師のように、「ナンニモナラヌ」と承知の上でものごとをするというのは大変なことではないかと思います。何もならぬ事をするということは、少し考えてみただけでも気が遠くなりそうです。特に、坐禅をするつもりで足を組んで坐っているときは、それが何もならないとすると、いてもたってもおれなくなるのではないでしょうか。実は、近ごろ、このことが坐禅の意味ではないかと思い始めています。何もならないと分かりつつ、それができるということは、自分を捨てるということにつながるような気がするからです。こんなことを考え、また書いてみることはできても、何もならない坐禅をすることは難しいようです。

第八章　道　元　禅

生　死（しょうじ）

道元禅師は「生死のなかに仏あれば生死なし」（『正法眼蔵《しょうぼうげんぞう》』生死の巻）と説いています。生死、すなわち私たちの迷いの世界、そのなかに仏の世界があるのであるから、実は迷いの世界などというものは無い、という意味だと思います。

仏教とは、「仏の教え」（仏の説いた教え）であると同時に、「仏に成る教え」であるともいわれています。ですから、凡夫が仏（悟った人）になるために仏（悟った人）が凡夫のために説かれた教えが仏教であると言えましょう。しかし、一生懸命修行を積んで悟りを開いてはじめて仏となると考えたり、お寺にこもって正式に修行を積まない一般の人は所詮仏とは無縁であると考えたりすることは、大きな誤りですよと注意されているのが「生死のなかに仏あれば生死なし」という言葉だと思います。凡夫だ、仏だ、というように、私たちは区別し対立させて考えがちですが、ここに落とし穴があるように思います。凡夫と仏が修行を通して対立している訳ではないし、一般の人が仏と無縁であるということもないはずです。

例えば、病気と健康も反対の言葉ではありますが、実際にはどこで線を引いていいのか極めてあいまいです。特に現代人は健康であるのに勝手に病気だと思い込んでいる場合が多いように思いますし、入院していても、健康を回復して退院したときのことばかりを考えている人は、病院にいる不自由さをなげき悲しみ、苦しさのどん底にいることになりましょう。ところが、病気には病気の苦しさと同時に、また楽しみもあるように思います。入院生活にひたりきっている人は特別に苦しい生活とも思わず、意外と短期間であったという思いで退院されるのではないでしょうか。要は、あれこれ考えず、その境遇にどっぷりつかり、その境遇を自分のものとして思い切り生きるところに、生死を超えた仏の世界が開けてくるように思います。道元禅師の「いとふことなく、したふことなき、このときはじめて仏のこころにいる。（中略）ただわが身をも心をもはなちわすれて、仏のいへになげいれて、仏のかたよりおこなはれて、これにしたがひもてゆくとき、ちからをもいれず、こころをもつひやさずして、生死をはなれ、仏となる」（『正法眼蔵』生死の巻）という言葉はこのことではないかと思います。

人　身（にんじん）

『正法眼蔵』帰依三宝《きえさんぽう》の巻に「人身うることかたし」と説かれています。人間として生まれてくることは並大抵のことではない、という意味かと思います。

仏教には輪廻という考え方があります。人の一生はこの世だけではなく、生まれ変わり死に変わり、それが無限に続くという考えです。しかも、その人の行いの如何によって次に生まれる世界が違うといわれます。次に生まれる世界にどのような世界があるかといいますと、地獄、餓鬼、畜生、修羅、人間、天上の六つの世界（六道）があるとされています。最初の地獄の世界は苦しみのきわまった世界です。今世に罪業の限りを尽した者が来世に落ちる世界です。餓鬼の世界は食べ物がことごとく炎となって食べることができず、常に飢えている世界です。畜生の世界は動物の世界です。映画に「私は貝になりたい」の名文句がありますが、確かに動物の世界は悩みのない世界かも知れません。しかし、子どもの頃、ご飯を食べてすぐ横になると牛になるぞ、とよくしかられたものです。牛になっては大変と起きて紳妙にしていた記憶がありますが、やはり牛にはなりたくないものです。修羅の世界は修羅場という言葉があるように闘争にあけくれる者の世界です。これら地獄、餓鬼、畜生、修羅の四つの世界はいずれも苦の世界です。逆に、天上界は快楽だけの世界です。素晴らしい世界のようですが、はたしてどうでしょうか。これらの世界に対して、人間の世界は苦もあり、楽もあり、悲しみもあり、喜びもあります。自分の行い如何によって、苦とも楽ともなり得る世界です。言いかえれば、苦を選ぶも楽を選ぶも自由であり、まかされている世界が人間の世界であると言えましょう。

私たちの前世がどのようであったが故に、人間の世界に生まれて来たのかはわかりませんが、まかされている世界に生まれて来たということは、信用されまかされてこの人間の世界に生まれて来たのでしょう。この信用されまかされて生まれて来たということは一体何を意味するのか、十分考えてみる必要がありそうです。

露命（ろめい）

道元禅師の「無常たのみがたし、しらず露命いかなるみちのくさにかおちむ」（『正法眼蔵』重雲堂式の巻）という言葉を味わってみましょう。大体の意味は「この世は常ならざるものであり、今の状態をいつまでもと望んでみたところでかなうものではない。私たちの命も明日なくなってしまうとも知れないものである。あたかも、草の葉に宿る露が、いつ風に吹かれて道端に落ち、無くなってしまうとも知れないように、まことにはかないものである」となりましょうか。

ところで、私たちはいずれ死ななければならないと理屈ではわかっているつもりですが、それがいつやってくるとも知れない、明日かも知れない、と実感として心得ておくことはなかなか難しいように思います。死を心配ばかりしていては、日常生活は成り立ちません。しかし、死というものを真剣に引き受けるところに、与えられた今を最大限に生きるエネルギーが隠されているようにも思います。

露命のたとえは、私たちの命がはかなくもろいものであることを示したものですが、ただそれだけではないように思います。朝日を浴びた露はキラキラ光っています。あるときは青く、あるときは赤く七色に変化します。うっとり見とれて時を忘れたという経験を一度はお持ちでしょう。その輝きには貴ささえ感じます。貴さを感じるが故にははかなさはより強くなり、はかなくもろいものであるが故に貴さは倍増します。

明日とも知れぬ私たちの命ですが、そのことをよくよく心して、今を大切に一生懸命生きるとき、露にもまさる輝きを放つことができるのではないでしょうか。

因果の道理（いんがのどうり）

道元禅師の『正法眼蔵』深信因果《じんしんいんが》の巻に「おほよそ因果の道理、歴然《れきねん》としてわたくしなし」とあります。原因がありその結果があるという因果の道理ははっきりしていて動かしがたいものであり、私情の入り込む余地はない、という意味かと思います。この因果の道理は自然界だけでなく、私たちの人生においてももちろんあてはまります。この因果の道理を知り、これを確信することが仏教の出発点であると道元禅師は説いているのだと思います。

特に、人生における因果の道理とは、善い行いによって善い境遇が開け、悪い行いによって悪い境遇に落ちる、というのが主な意味かと思います。しかし、実際の世の中では、真面目に働いた人が必ずしもお金持ちになるとは限りません。インチキをしてお金持ちになる人もいるでしょう。だいいち、お金持ちということがはたして善い境遇なのかどうかも怪しいものです。お金が手に入ったがために身を滅ぼしたということもあるでしょう。払たちの人生はそう簡単に割り切れるものではありません。

「梅開早春」という言葉があります。これを「梅、早春に開く」と読むこともできますし、「梅、早春を開く」と読むこともできます。前者のように読めば、冬が過ぎて春が来れば梅が咲く、という自然の成り行きを言ったに過ぎません。しかし後者の「梅、早春を開く」のように読めば、梅に早春を開く力がみられます。冬のつぎは春にきまっていますが、春とは単なる気温の上昇のことではなく、明るさや楽しさを意味しています。そういう春は、梅が開くように、私たちが自分の力で開いていく世界でしょう。

自然界の因果律は疑う余地はありません。これと同じように、善い行いによって善い境遇が開けてくる道理を信じ、それにまい進するところに、明るく楽しい人生が開けてくるものと思います。

善悪の報い

『正法眼蔵』三時業《さんじごう》の巻に「善悪の報に三時有り、一者には順現報受、二者には順次生受、三者には順後次受、これを三時といふ」とあります。仏教では善い行いをすれば善い果報を、悪い行いをすれば悪い果報を受けると説きますが、現実には必ずしも善行者が栄えるとはかぎらず、また悪行の限りを尽くしている人が常にみじめであるともかぎりません。ですから、善因善果・悪因悪果という教えに疑問が生じてきます。この疑問に答えるものとして、善悪の報いは、この世で受ける場合（順現報受）と、この世で受けなくても来世で受ける場合（順次生受）と、さらにその次の来来世で受ける場合（順後次受）との三通りがあるから、いずれにしても行為にふさわしい果報を受けることになるであろうと説かれているわけです。

このように説かれても、来世や来来世を信じたくないという人には通用しないかもしれません。しかし、そのような人であっても、悪い行いをすれば、どうしても良心の声が聞こえてくるでしょう。そして、しまった、あんなことをするんじゃなかった、と思うかも知れません。また、払いのけたいようないやな思いに付きまとわれるかも知れません。いずれにしても、自分の行為は体の奥深くに蓄積されることでしょう。そして、そのような蓄積は私たちの人格を左右せずにはおかないでしょう。悪行をしてしまっては遅いのです。悪をなす前にそれに打ち勝たなければなりません。しかし、煩悩多き私たちは悪の誘惑にはなかなか勝てません。そこで、道元禅師の右の言葉は、そんな私たちを励ます慈悲の言葉として説かれたものと気づくのです。禅師の言葉に力を得て、勇気を持って悪の誘惑に立ち向かい、つとめて善を行うところに、明るい人生が自ずと開けて来るものと思います。

油断大敵と切磋琢磨

日本人は勤勉な国民だと言われていますが、敗戦のなかから四十年間で経済大国と言われるまでになったのですから本当でしょう。日本人の性格はひたむきな努力に合っているのかも知れません。イソップ物語の「兎と亀」の話は「油断大敵《ゆだんたいてき》」の好例として受け入れられ親しまれていることからもうなずけます。日本人は素直に、兎のように油断をせず、亀のように地道に励むべきであると考えているようですが、果たして亀が全面的に正しいと言えるかどうか問題があるように思います。恐らく亀は寝ている兎を横目で見ながら、しめしめ今のうちに頂上に着きましょうと、こっそり行ったに違いありません。こんな亀の態度は自分さえ勝てば、というエゴイスト的な考えが感じられます。隣の子が風邪を引いて休めば、しめしめ成績が一番上がると考えるのに似ています。その子が自分より成績がよければ、一番成績が上がる理屈ですが、こんな考えでは実力なんかつきっこないでしょう。

努力を意味する言葉にもう一つ「切磋琢磨《せっさたくま》」というのがあります。辞書には「仲間同士互いに戒めあい、励ましあい、また競いあって向上すること」とあります。「油断大敵」は他人を寄せつけず、一人でがんばる感じですが、「切磋琢磨」には必ず相手があります。しかも、相手の向上を願う気持があります。そして、相手からは刺激を受け、共に向上する道が開けています。その場合、相手の方が自分より一歩先んじるかも知れませんが、しかし、その二人は共に上位に登って行くことでしょう。こんな努力の仕方こそ理想であり、実力を身につける道ではないでしょうか。道元禅師の『正法眼蔵』菩提薩埵四摂法《ぼだいさったししょうぼう》の巻に「愚人おもはくは、利他をさきとせば、みづからが利、はぶかれぬべしと。しかにはあらざるなり。利行は一法なり、あまねく自他を利するなり」とあります。切磋琢磨は自他ともに利する利他行という教えに通ずるように思うのですが。

洗面

一日の始まりは、夜中の午前零時ではなく、朝起きて顔を洗い歯を磨く時だと思っています。特に元旦の洗面は一年の始まりであり、心して行いたいものです。ところで、この洗面の習慣を日本人がいつ頃から行うようになったのかご存じでしょうか。実は、これに我が曹洞宗の開祖道元禅師が一役かっておられるのです。

道元禅師の主著である『正法眼蔵』は極めて難解な仏教哲学書だといわれておりますが、そのなかに「洗面」という題の付いた巻がありまして、「仏祖の修証を保任するとき、用水洗浣《ようすいせんかん》、以水澡浴《いすいそうよく》等の仏法つたわれり。（中略）澡浴を如法に信受するもの、仏祖の修証を保任《ほうにん》すべし」とあります。意味するところは、用水洗浣、以水澡浴すなわち洗面とは、仏祖の修証すなわち仏の行であるという意味でしょう。このような仏行とは洗面に限ったことではなく、生きていくために必要な日常行為すべてを含んでいるとすべきだと思われます。ともあれ、洗面などの日常行為が仏行とされているところに道元禅師の深い哲理を読み取らなければならないのですが、今はごく皮相的に、次の文章に眼を向けてみます。すなわち「震旦国は、国王、皇子、……百姓万民、みな洗面す。（中略）しかあれども、嚼楊枝《しゃくようじ》なし。日本国は、国王……在家・出家の貴賤、ともに嚼楊枝・漱口《そうこう》の法をわすれず、しかあれども洗面せず」などとありまして、震旦国すなわち中国では洗面の習慣はあったが嚼楊枝（歯磨き）の習慣はなかったのに対し、日本では歯磨きの習慣はあったが洗面の習慣はなかったと知られます。これは道元禅師が一二二三年から四年間、宋（中国）に留学された時の様子ですが、これらの文章から、道元禅師は中国に日本の歯磨きの習慣を、また日本には中国の洗面の習慣を伝えられたと考えられてます。禅師のこのような故事を知るとともに、私たち自身の毎朝の洗面を仏の行として行えるよう参究して参りたいものと思います。

自未得度先度他（じみとくどせんどた）

道元禅師は『正法眼蔵』発菩提心《ほつぼだいしん》の巻のなかで『涅槃経《ねはんぎょう》』の「自未得度先度他」（自らは未だ得度せざるに、先ず他をわたす）という言葉を引用しています。これは、迷いの世界にあって悟りの世界を求めようとする場合、自分だけが悟りの世界に行こうと努力するのではなくて、すべての他者を先に悟りの世界にわたそうという願いをおこして、そのために努力することをいいます。仏教、特に大乗仏教では、皆で手をたずさえて、お互いに励ましあって努力するところに悟りの世界が開けてくるとも説きます。

今日の受験戦争をくぐりぬけた若者たちは、他人と共に励ましあって事に当たるということが非常に苦手になっているのではないでしょうか。隣に坐っている生徒と常に試験の点数を争わねばならない宿命にある現代の子どもたちにとってみれば、致し方のないことかも知れません。「情けは人のためならず」ということわざがあります。ご承知の如く、人になさけをかけることはその人のためだけでなくて、めぐりめぐって結局自分のためになるという意味ですが、これを、今の大学生は「情けは人のためにならないから、めったにかけるべきではない」と理解するそうです。合格するためには自分で努力しなければならない、ということでしょうか。確かにその通りですが、しかし、これは競争の論理だと思います。日本はこの論理で経済大国になりました。そして、さらに突き進もうとしています。ところが、経済が発展すればするほど、環境破壊を始めいろんな弊害が出始めました。日本だけが甘い汁を吸うことは許されるわけがないのです。世界にはいろんな国があり、それぞれに特色があるわけで、各国がそれぞれの特色をお互いに活かし合うところに世界平和も築かれてくることでしょう。「自未得度先度他」という言葉は今の日本人にとって大変意味のある言葉と思われますが、如何でしょうか。

布　施（ふせ）

布施（人に施す）・持戒《じかい》（戒律を守る）・忍辱《にんにく》（苦難を耐え忍ぶ）・精進《しょうじん》（仏道に励む）・禅定《ぜんじょう》（心を統一する）・智慧《ちえ》（真理を悟る）の六つの修行法を「六波羅蜜《ろくはらみつ》」といいます。布施だけは他者にかかわる修行ですが、あとは大体、自己一身上の修行と言えましょう。六波羅蜜の他に、「四摂法」という修行法もあります。こちらは、布施・愛語（人にやさしい言葉をかける）・利行（人のためになることをする）・同事（人と同調する）の四つで、いずれも対他的であり、人間関係上の修行法となっています。

道元禅師は、『正法眼蔵』菩提薩埵四摂法《ぼだいさったししょうぼう》の巻に、この「四摂法」を詳しく解説しています。道元禅師は、永平寺という深山の道場で世間を離れて坐禅修行した方というイメージがありますが、実は、他者の救済ということを一生考え続けた人でもあります。そのことが対他的な修行法である「四摂法」の解説によく現れていると思います。

禅師は四摂法の「布施」を、「布施といふは不貪《ふとん》なり。不貪といふは、むさぼらざるなり。むさぼらずといふは、よのなかにいふ、へつらはざるなり」と説明しています。すなわち、「布施」とは「不貪」であり「へつらわないこと」であるというのです。「布施」とは、具体的には人に物を施すことですが、物を施すという行為の本質は、自分の貪りの心をなくしていくところにある、という解釈だと思います。しかし、「へつらわないこと」が「布施」とどのようにかかわるのか、少し考えてしまいますが、「へつらう」という行為は、「気に入られようとして相手の機嫌をとること」という意味ですから、「へつらう」とは「人の心を貪る」の意となり、対象が「物」であるか「心」であるかの相違はありますが、「貪ること」に変わりは無いと言えましょう。

ところで、「貪る」とか「へつらう」というような言葉は、票集めのためなら何でもするという悪徳政治家を連想してしまいますが、道元禅師は、そのような者のまねをしてはいけないと言っておられるのではないでしょう。考えてみると、「貪る」も「へつらう」も共に自分をデンと据えて、その自分に物や心を必死に引きつけようとする行為です。そういう自分に引きつける行為を止めなさいというのが「不貪」であり、「へつらはざる」であるのだと思います。

そして、そのための具体的な行為が「布施」なのだと思います。だから「布施」とは、「人に物を施す」ことですが、「物を施す」という行為自体よりも、「人に」ということの方により力点があり、「他者への行為によって自己を忘れていく」ということに道元禅師の真意があるのではないかと思っています。

愛語（あいご）

「愛語」について道元禅師は「愛語といふは、衆生をみるにまづ慈愛の心をおこし、顧愛の言語《ごんご》をほどこすなり」と述べ、さらに「慈念衆生《じねんしゅじょう》、猶如赤子《ゆうにょしゃくし》のおもひをたくはへて言語するは愛語なり」と述べていますから、愛語というのは、人びとへの慈愛の心に基づいた言葉であり、その慈愛の心とは、自分の赤ん坊に向けるような心、我が子が溺れそうになれば無条件で助けに飛び込むような心、そのような心による言葉が愛語というのだと理解できましょう。また禅師は「愛語よく廻天のちからあることを学すべきなり」とも述べています。ここに言う「廻天」とは、高橋賢陳氏によれば、「禅師の『学道用心集』に〈忠臣一言ヲ献ズレバ、シバシバ廻天の力アリ〉の〈廻天〉であり、無益な工を起こそうとした唐の太宗を臣の張玄素がいさめて止めさせた一言が〈天子の考えを変えさせる〉力があった[20]」と解釈されています。ところで、そのような一言がなぜに愛語なのでしょうか。高橋氏は「国民の実情を思う慈悲心から進言した」からだと解釈されていますが、それは「愛語は愛心よりおこる、愛心は慈心を種子《しゅうじ》とせり」という道元禅師の言葉に基づいているようです。

ところで、仏陀の十大弟子中、ナンバーワンの大迦葉《かしょう》とナンバーツーの阿難《あなん》とは性格のかなり違う二人だったようです。大迦葉は厳しい修行に励んで頭陀《ずだ》第一（頭陀とは dhūta の音写、衣食住について欲望を払い捨てる厳しい仏道修行）と言われ、阿難の方は仏陀のいとこで常に仏陀に付き添い世話をしていたため仏陀の説法を聴く機会が一番多く多聞《たもん》第一と言われました。

仏陀亡きあとのある日、大迦葉は阿難を呼び、仏陀生前中の阿難の行為に五つの過失があったことをとがめ、阿難に懺悔《さんげ》するよう求めました。阿難は指摘された五つの過失のそれぞれについて正当な理由があり、決して過失ではないと信じていましたが、まげて過失と認め懺悔したと伝えられています。阿難はなぜに自分をまげてまで懺悔したのでしょうか。実は、教団の戒律規定に、疑念がもとで教団が分裂するかも知れないときは、疑いをかけた方も必要以上に追求してはいけないし、疑いをかけられた方も他を信じて自分の罪を認めるべきであるという趣旨の規定があったからです。阿難は教団を分裂させて修行者を悲しませたくないという慈悲心から愛語の懺悔をしたと言えそうです。このような阿難の行動を「長い物に巻かれろ」的な行動だと誤解しないで下さい。「巻かれろ」的行動には下心がありますが、阿難の行動には下心はありません。あるのは、自分よりも他の修行者に気を配るやさしさがあるだけでしょう。愛語とは、単にやさしい言葉という意味ではなくて、自分のことはさておいて他人のことだけを考えている人の発する言葉ということになりそうです。

利　行（りぎょう）

「情けは人のためならず」という諺があります。ある大学の先生が学生たちにその意味を、①「へたに情けをかけるとその人のためにならない」、②「人に情けをかけておけば、めぐりめぐって自分にも善い報いがくる」のどちらであるかと質問したところ、学生たちの解答は、①が八〇パーセントで、②が二〇パーセントという結果だったそうです。「ジコチュー」（自己中心主義）という言葉が流行る昨今の世相を反映しているようでもあります。ところで、右のことわざの正解は、もちろん②であります。その点は『国語大辞典』（小学館）が保証しています。

なぜこの諺を持ち出したかと言いますと、この諺は、人への情けは人のためだけではなく、自分のためでもあると教えていますが、道元禅師はまず「利行」について、「利益《りやく》の善巧《ぜんぎょう》をめぐらすなり」（人びとに利益となるような手だてをめぐらすこと）と説明し、「利行」と「情け」とは意味するところがよく似ていますし、また「利行は一法なり、あまねく自他を利するなり」とも述べていますから、「人のためだけでなく、自分のためでもある」に通じます。このように、道元禅師の「利行」と、右の諺とは意味がよく似ていますのでここに取り上げたわけです。しかし全同とは言えません。というのは「報謝をもとめず、ただひとへに利行にもよほさるるなり」と述べていますので、利行とは、自分への報いは求めないで、一方的に他者を利する行いであるとされているからです。他方、諺の方は「めぐりめぐって自分にも善い報いがくる」というのが「人のためならず」の意味ですから、自分への報いを考えているのであり、道元禅師の利行とは異なります。それでは、道元禅師の言う「利行は一法なり、あまねく自他を利するなり」のなかの「自を利する」の部分はどのように考えればよいのでしょうか。私は、他者を一方的に利するという行為（修行）が、「自分を忘れること」をもたらしてくれる、というのが「自を利すること」（自利）に他ならないのではないかと思います。道元禅師は『正法眼蔵』現成公案《げんじょうこうあん》の巻で、「仏道をならふといふは、自己をならふ也。自己をならふといふは、自己をわするるなり。自己をわするるといふは、万法に証せらるるなり」と述べています。ここに「自己をわするる」ということが仏道だと説かれていますから、「自分を忘れること」こそ仏道の眼目であり、その獲得は「大なる自利」と言えましょう。そして、それは自分以外の他者（万法）によってもたらされるというのが禅師の立場であるように思われます。

同　事（どうじ）

弊山の婦人会にコーラス部があります。平成五年十一月七日の弊山諸堂改修工事落慶法要の折りにお披露目をしていただきました。名前は「コール・サマーナ」といいます。命名したのは住職である筆者ですが、その「サマーナ」とは、「同事」の原語（サンスクリット語）である「サマーナ・アルタ」（samāna-artha）の前半の言葉「サマーナ」（「同」の意）で、それを取って命名致しました。道元禅師はこの「同事」を「不違なり」と説明されています。「自と他を差別せず協調できる心」をいうものと思います。コーラスはハーモニー（調和・和合・一致）が第一でしょうから、常にハーモニーを大切にしていただきたいという願いを込めて命名したつもりです。

「同事」について道元禅師はさらに「人間の如来は人間に同ず」と述べられますので、同事とは、上の者から下の者への問題と考えられます。似た言葉に「和光同塵」（『老子』第四章）というのがあります。才能（光）を和らげ隠し、下々の者（塵）に同じることを言いますが、この場合は、本当は自分には才能があるという意識が残っているように思われます。これに対して道元禅師は、「他をして自に同ぜしめて後に自をして他に同ぜしむる道理あるべし」と述べています。他者（下の者）を自分と同じ高さまで引き上げておいて、その上で自分を他者に同ぜしめる、という意味かと思います。この場合は、自分の才能を隠して意識的に和合するのではなく、他者と自分が同じであり、寸分も異ならないと認識するが故に和合できるのだと思います。上の者が下の者に対して、実は同じ人間であると認識するからこそ、真の和合が可能となると言えましょう。

私は学生時代の四年間を駒澤大学の道憲寮で過ごしましたが、その道憲寮の『寮訓』に「平等即差別」という言葉がありました。その意味は、上級生は下級生にたいして平等に接し、下級生は上級生に対して先輩という敬意を払うべし、ということだったと思います。今の社会にはこの両方が欠けていると言えるかも知れません。また、嫁・姑を例にとって「同事」を説く佐藤俊明さんは、お嫁さんがお姑さんに落ち度なく仕えようとするかぎり、そこには対立があってうまくいかないけれども、お嫁さんが、ふとした事で、嫁ではなく娘になろうと気付いてからは大変うまくいくようになったという話とともに、次のような禅問答も紹介されています。（問）「いかなるかこれ仏」、（答）「新婦驢《ろ》に騎《の》れば、阿家《あこ》ひく」(21)（花嫁が馬に乗って姑がひく）というものです。姑が馬に乗って嫁がそれをひくというのが世間で目にする姿ですが、嫁でなく娘だとすれば、その逆の姿もおかしくないでしょう。姑は嫁を娘と思い、嫁は姑を母と思えば対立なく、一如の世界が開けてきます。それが仏の世界だというのがこの禅問答の意味するところでしょうか。味わい深い問答かと思います。

自己の無常なるを知る

私たちは、映画を見ているとき、画面に心を奪われ、画面が世界の全てであると思って見ています。映画を見ながら見ている自分を意識すると映画が面白くありません。では、日常生活の場合はどうでしょう。生活をしている現実のなかに自分が居るのですから映画とは違いますが、よく反省してみると、あまり映画とは違わないかたちで見ているように思います。例えば、私たちは誰でも、自分自身が老人となり、あるいは病人となり、そして死んでいくものであることを理屈としては十分に知っておりますが、実際に老人を見、病人を見、また、人の死んでいくのを見るとき、その人のことをかわいそうだとは思っても、自分のこととして慌てる人はいないでしょう。慌てなくて当然ですし、私たちの日常生活でのものの見方とは、そういうものだと思います。しかし、道元禅師は『正法眼蔵』現成公案の巻で、それは誤りであると言われます。すなわち「人、舟にのりてゆくに、めをめぐらして岸を見れば、きしのうつるとあやまる、目をしたしく舟につくれば、ふねのすすむをしるがごとく、身心を乱想して万法を辨肯する（計らうとき）には自心自性は常住なるか（すなわち、無常でない）とあやまる」というように、舟に乗った人を喩えに、私たちは、たとえ目に映る万法が無常なるものであることを知ることができたとしても、その万法のなかに自分自身を含めることを忘れ、自分はあたかも常住なる（無常でない）ものであるかの如く錯覚してしまうのが常であるから、「目をしたたしく舟につく」、すなわち目を自分自身に向けて自分自身に親しむとき、自分自身こそ無常なるものであること（老い、病み、死すものであること）をはっきり知ることができると注意しておられるのです。そして、目を親しく自分自身に向けるとは、「坐禅をすること」に他ならないでしょうから、道元禅師の言われる「坐禅」とは、「自己の無常なることをはっきりと知ること」という意味を含むことになりましょう。

諸悪莫作（しょあくまくさ）

道元禅師の『正法眼蔵』諸悪莫作の巻に、中国唐代の詩人白楽天と道林禅師の次の問答が引かれています。

白 楽 天「仏法の核心は何ですか」
道林禅師「諸悪莫作《しょあくまくさ》、衆善奉行《しゅぜんぶぎょう》」
白 楽 天「そんなことなら三歳の子どもでも言うことができますよ」
道林禅師「三歳の子どもが言い得ても、八十の老人でも行うことはできまい」

という問答です。この問答に対して、道元禅師は白楽天は大詩人かも知れないが、仏教のことが分かっていないから「そんなことなら三歳の子どもでも云々」などというのだと述べています。白楽天はどのように仏教が分かっていないというのでしょうか。問題は「諸悪莫作、衆善奉行」の意味ですが、この言葉には「自浄其意《じじょうごい》、是諸仏教《ぜしょぶっきょう》」という続きがあります。これを普通の書き下し文として読みますと「諸悪を作ることな莫《な》かれ、衆善を奉行せよ、（そして）自ら其の意を浄む、是れ諸仏の教えなり」となります。これは白楽天のいうように、さほど難しいことではなく、ごく当たり前のようにも思えます。ところが道元禅師は「諸悪莫作」をような意味があるのでしょうか。恐らく善悪の捉え方が問題となるのでしょう。「盗み」は悪「諸悪を作ること莫かれ」とは読まず、「諸悪は莫作《まくさ》なり」と読んでおられます。ここにはどのですから、反対の「施し」は善です。でも仏教では、人に物を施すとき「私はあなたにこれこれをあげた」という意識があっては善としての施しとはならないと説きます。特に「私」に執着する心を「我執《がしゅう》」（自己中心的な心）といい、この我執がある限り「真の（善なる）施し」とはならない訳です。それでも「施し」の実践が説かれるのは、その実践の積み重ねで我執をなくそうとするからでしょう。また悪についても、その奥に我執が横たわっています。世の中の規範を無視してまで我執を満足させようと振る舞うとき、悪が発生します。逆に、盗んだ物を自分の物にせず、貧しい人びとに分け与えた鼠小僧は罪人であっても悪人とは表現されていないようです。いずれにせよ、我執を満足させようとするから悪が発生し、その我執がなければ、悪は起こり得ないことになりましょう。古い注釈書（『聴書抄』）が「莫作」を「作ること莫し」と読むのは、我執を克服した人にとっては「諸悪は作ること莫し」となるからでしょう。道元禅師の「諸悪は莫作なり」の意味はまさにこのような意味だと思われます。単なる善悪ではなく、我執の無という一段高い次元が問題とされているということでしょう。

修証一等（しゅしょういっとう）

道元禅師が十四歳で出家した当時の比叡山では「本来本法性《ほんらいほんぽっしょう》、天然自性身《てんねんじしょうしん》」（人間は生まれながらに仏性を有しているから、その身そのままで仏となれる）という教えが学ばれていました。これに対し、道元禅師は「それではなぜ、過去現在未来の諸仏は殊更に発心し修行する必要があるのであろうか」という疑問を持ちました。ところが当時の高僧たちはその疑問に答えることができず、道元禅師は答えを求めて中国に留学し、如浄禅師《にょじょうぜんじ》のもとで一生参学の大事を終えて帰朝しました。帰朝後、書いた九十五巻の大著『正法眼蔵』こそ、比叡山での疑問に対する答えの書物と言ってよいと思います。そして、その答えが「修証一等」というものです。

常識的には、修行（修）の後に悟り（証）が得られると考えますが、修行がそのまま悟りであるというのが「修証一等」の意味かと思います。これを説明するに当たり、道元禅師は、宝《ほう》徹《てつ》禅師と僧との次のような問答を引いています。すなわち、宝徹禅師が暑さをしのぐために扇を使っていると、ある僧がやって来て、「風性常住、無処不周」（風性は常住にして、行き渡らないところは無い）であるのに、和尚はなぜことさらに扇を使うのですか、と問うたので、禅師は、汝は「風性常住」ということは知っているようだが、「無処不周」という道理は解っていないようだなと答えたので、その僧は、それでは「無処不周」とはどういうことですかと問うたのに対し、禅師は何も言わずに、ただ扇をあおいでいるだけだった。それに対して、僧は黙って礼拝した。

というものです。この問答の要点は、「暑いとき、扇を使うと、涼しい」という関係に気付くことと、風性が何処にも行き渡っている（無処不周）から、あおぎさえすれば風が起こつて涼しいけれども、あおがなければ風は起こらず涼しくもないという理解を明確にもつということかと思います。そこで「あおぐ」に「修行」を当てはめますと、「暑い」が「苦しい」に対応し、「涼しい」が「安らか」に対応することとなり、「苦しいとき、修行をすると、安らかである」という関係が浮かび上がります。そしてこの場合も、仏性が誰にも行き渡っている（本来本法性）から、修行しさえすれば、安らか（＝悟り）となる、ということになります。しかし、あおぐのを止めたとたんに涼しさがなくなるように、修行を止めたとたんに「悟り・安らぎ」は消えるので、常に修行が必要であり、修行をしている間だけが悟り、すなわち「修証一等」であるというわけです。ですから、私たちの日常生活のすべてが修行（＝すべてが安らぎの悟りの世界）として行われていなければならないというのが道元禅師の考えかと思います。

心塵脱落から身心脱落へ――道元禅師の実践論1

かつて、高崎直道博士は、道元禅師の悟り体験を表す「身心脱落《しんじんだつらく》」の句は、元来は「心塵脱《しんじんだつ》落《らく》」という句だったのではないかという問題を提起されました。道元禅師が中国留学の折りに、如浄《にょじょう》禅師に「身心脱落」の意味を問うたとき、如浄禅師の答えは「身心脱落（心塵脱落）とは坐禅なり。祇管《しかん》に（ひたすらに）坐禅するとき、五欲（煩悩）を離れ、五蓋（煩悩）を除くなり」（『宝慶記《ほうきょうき》』）というものだったのですが、この如浄禅師の答えのなかの「身心脱落」が元来は「心塵脱落」であったのではないかという問題提起です。「心の塵」とは煩悩のことですから、「心塵脱落」の方が文意はスッキリします。一方、道元禅師は「身心脱落」の内容を「自己をわするる」ことであり、「万法に証せらるる」ことであると説きますから、如浄禅師の「心塵脱落」とはいささか異なります。高崎博士は「この〈身心脱落〉という表現が〈心塵脱落〉に比して、道元の哲学の深さを倍加したことは間違いない(22)」と述べておられますが、その「心塵脱落」から「身心脱落」への深まりとはどのように考えたらよいのでしょうか。

仏陀は「苦」の克服をめざして出家したといわれますが、その「苦」（dukkha）とは、中村元博士によりますと「自己の欲するままにならぬこと」をいうとされます。何が自己の欲するままにならないのかと言いますと、それは自己が注意を向けている対象でしょう。今、自己の欲するままにならない対象があるとします。そうすると、「自己の欲するままにならぬこと」という「苦」が生じます。これを克服する方法として、対象を自己の欲する方向に変えていくということが考えられます。これが自然科学のやり方ですし、私たちの常識となっているものでもありましょう。この場合の苦の原因は対象にあるとみていることになります。それに対して仏陀は苦の原因（集）を対象にではなく自己の心の側に求め、それを渇愛《かつあい》（煩悩）であるとしました。そして、その渇愛をなくせば、苦もなくなり（滅）、それが涅槃《ねはん》、すなわち悟りであると説きました。さらに、その涅槃（悟り）に到る方法（道）も細かく説いています。いわゆる苦集滅道《くしゅうめつどう》の四諦《したい》の教えです。ところで、仏陀はなぜ苦の原因を対象の側に求めなかったのでしょうか。それは、対象が「無常なるもの」（たとえば、肉体が生・老・病・死という変化をするもの）であり、もともと自己の欲するままになるものでないことを見破ったからでしょう。仏陀は苦の原因である渇愛（煩悩）をなくせば、苦もなくなり（滅）、それが涅槃、すなわち悟りであると説いたわけですが、それはちょうど、如浄禅師の「身心脱落（心塵脱落）とは坐禅なり。祇管《しかん》に（ひたすらに）坐禅するとき、五欲（煩悩）を離れ、五蓋（煩悩）を除くなり」に相当すると思われます。すなわち、「祇管に（ひたすらに）坐禅するとき、五欲（煩悩）を離れ、五蓋（煩悩）を除くなり」が「苦の原因である渇愛をなくせば、苦もなくなり（滅）」に相当し、「身心脱落（心塵脱落）とは坐禅なり」が「それ（苦の滅）が涅槃、すなわち悟りである」に相当すると思うのです。高崎博士に従って、如浄禅師の場合は「身心脱落」ではなくて「心塵脱落」（心塵＝煩悩）とすれば、仏陀の教説によく一致すると言えましょう。ただ、苦を滅する方法を仏陀は八正道（正見・正思・正語・正業・正命・正精進・正念・正定）として詳しく説いているのに対して、如浄禅師は「祇管に（ひたすらに）坐禅するとき」と簡略に説いている違いは認められます。いずれにせよ、仏陀が苦の原因を渇愛とし、如浄禅師が「心塵」に相当する「五欲、五蓋」としているのは、ともに「煩悩」（対象ではなく自己の心）を苦の原因としている点で一致しています。

花は愛惜にちり——道元禅師の実践論2

そこで、「心塵脱落」ではなく「身心脱落」とした道元禅師は、苦の原因をどのようにみているかを問題にしなければなりませんが、その前に、苦の原因をかかえたまま迷いの状態にある私たち凡夫の姿を道元禅師はどのように表現しているかを見てみたいと思います。私はそれを『正法眼蔵』現成公案の巻の「花は愛惜《あいじゃく》にちり、草は棄嫌《きけん》におふるのみなり」という文章にみたいと思うのです。この一文の意味は、花はこのまま咲いていてほしいのに惜しいなと思っているなかで散っていき、草は生えなくてもいいのに憎々しいと思うなかで生い茂る、という意味かと思います。花は咲けば散るものであり、草は種が飛んでくれば生えるものであります。これが現実のありのままの姿なのですが、凡夫である私たちは、美しい花は咲いたままでいてほしい、草は生えないでほしいと勝手なことを思います。勝手な思いと現実とが食い違いますと、愛惜や棄嫌という一種の苦の感情を起こします。この苦の感情を起こす原因は、美しいものをむさぼる「貪《とん》」や、嫌なものが迫ってくればいかる「瞋《じん》」という煩悩であります。この苦の原因である煩悩をなくせばよいというのが「四諦の教え」であり、「心塵脱落」の教説かと思います。それに対して「身心脱落」を説く道元禅師は、同じ現成公案の巻で「自己をはこびて万法を修証するを迷とす」と述べ、苦の状態である迷いの原因は、自分の勝手な思いをひっさげて対象（万法）を見ようとすることだとしています。自分の勝手な思いとは、先の例で言えば、花はこのまま咲いていてほしいのに惜しいなという思いや、草は生えなくてもいいのに憎々しいという思いであります。この思いはもちろん煩悩から来るのですが、道元禅師はこれを「煩悩」という存在論的方向には見ずに、「自己」という言葉を使って認識論的に述べています。したがって道元禅師は、苦あるいは迷いの原因は、自分の勝手な思い（＝自己）をひっさげて対象を見ようとする態度にあると言っていることになりましょう。

自己をはこびて――道元禅師の実践論3

道元禅師が、苦あるいは迷いの原因であるとして説いている「自己をはこびて万法を修証《しゅしょう》する」(自分の勝手な思いをひっさげて対象を見ようとする)という態度について考えてみたいと思います。これは、ある対象を見るとき、その対象に対する自分の勝手な思いを持った上で、その対象を見ようとする態度です。このような態度で対象を見ますと、対象のありのままの姿と自分の勝手な思いとが対立します。花は咲けば散るという現実のありのままの姿と、美しい花だから散ってほしくないという勝手な思いとの対立です。このような対立がありますと苦という感情が生じ、迷いの状態にあることになります。この場合に、散ってほしくないという勝手な思いがなかったとしたら、すなわち「自己をはこびて」ということがなかったとしたら、花が散るのを見ても、花が散るというありのままの姿を見ることができ、それをそのまま受け入れて苦という感情を起こすことはないでしょう。花の場合は、散るのもまた風情と涼しい顔をしていることもできましょうが、「自己をはこびて」ということは、私たち凡夫にとっては簡単に払いのけることのできないもの、執拗に心に染み付いているものであることを知らねばなりません。

良寛さんにこんな話があります。いつものように坐禅をしておられますと、旅人が一晩泊めてほしいとたのみました。良寛さんは快く聞き入れ、早速わらじを脱いだ旅人に、足を洗うための水を出してやりました。翌朝には洗面用の水を出してやり、旅人がさっぱりしたところで、今度は粥と梅干しの朝食をすすめました。とても腹をすかせていた旅人は大いに喜び、いざ食べようとしますと、粥の器に見覚えがあります。どうも昨夜来、足を洗ったり顔を洗ったりした、あの器のようです。それに気づいたとたん、あれほど腹ぺこだった旅人は、どうしても食べることができなくなってしまいました。良寛さんは、旅人にわざとこんなことをしたのではもちろんありません。良寛さん自身、ひごろ鍋一つでなんでもされていたからこそ、旅人にもそのようにされたに違いないのです。鍋で足を洗えば誰でも汚いと思うでしょうが、きれいに洗えば問題はないはずです。私たちの両手を思い出してください。どんなに汚れても洗いさえすればなめることだってできるではないですか。もちろんこれは自分の両手だからできることです。自分以外のものについては状況はあべこべです。一旦足を洗ったような鍋はどんなに洗ったところで「不潔さ」は消えるものではないというのが私たち凡夫の考えです。これが「自己をはこびて」（自分の勝手な思いをひっさげて）対象を見ようとする態度であり、「自己をはこびて」ということをはずすことは難しく、簡単ではないことがお分かりかと思います。

「自己をはこびて」ということをはずすことは並大抵なことではないのですが、もしこれをはずすことができたとしたらどうなるか。その点を道元禅師は「万法すすみて自己を修証するはさとりなり」と述べています。これを意訳しますと、「自分の勝手な思いをひっさげて対象（万法）を見ようとする態度をやめると、対象（万法）の方からすすんで情報が自分のなかに入ってきて見るということを成立させる。これが悟りである」ということになろうかと思います。すなわち、自分の勝手な思いをひっさげるのをやめると、対象（万法）の側の情報だけを見ることになる。換言すれば、対象（万法）のありのままの姿を見ることになる、ということかと思います。この点を道元禅師は「身心を挙して色を見取し、身心を挙して声を聴取するに、したしく会取《えしゅ》すれども、かがみに影をやどすがごとくにあらず、水と月とのごとくにあらず。一方を証するときは一方はくらし」と述べています。「したしく会取す」とは、「自己をはこびて」ではなく、「万法すすみて自己を修証」した結果でしょう。対象（万法）のありのままの姿を見ることができたということかと思います。そのようにできたときの認識内容は対象（万法）からの情報が百パーセントであり、自分の勝手な思いはゼロになっているはずだと思います。それを表わす言葉が「一方を証するときは一方はくらし」ではないかと思います。

いずれにせよ、「自己をはこびて」(自分の勝手な思いをひっさげるの)をやめると、対象(万法)の側の情報だけを見ることになり、対象(万法)のありのままの姿を見ることになるわけですが、この場合、自分の勝手な思いを取り下げるのですから、対象(万法)のありのままの姿を見るとは、対象(万法)をそのまま受け入れるということになりましょう。勝手な思いを取りさげた結果としてもたらされた「ありのままの姿を見ること」は「そのまま受け入れること」に等しいということが重要かと思います。

道元禅師は「現成公案《げんじょうこうあん》」という言葉を盛んに使っています。『正法眼蔵』の一巻名にもなっています。その「現成」とは現前成就、すなわち現前に成立している事実です。「公案」とは、一般に、禅的な思想を練るために与えられる課題のことですが、元来は「公府之案牘《こうふのあんとく》」(官府の調書)にたとえられた公の法則条文のことで、私情を容れず遵守すべき絶対性を意味するとされています。道元禅師は「公案」を禅的課題の意味ではなく、元来の意味で用いていますので、「現成公案」とは、現前の事実(現成)を動かしがたい絶対のもの(公案)として無条件にそのまま受け入れること、という意味になりましょう。すなわち、「現成公案」とは、対象(万法)をそのまま受け入れることの意味であり、それは「自己をはこびて」をやめることによっておのずからもたらされる「万法すすみて自己を修証する」結果でもあります。

「四諦《したい》の教え」からわかるように仏陀の悟り(涅槃《ねはん》)の内容は苦の克服であります。仏陀は苦の原因を渇愛《かつあい》であるとみて、それをなくすことによって苦の滅という悟り（涅槃）を得ました。道元禅師の悟りの内容も同じく苦の克服であったと思います。ただ、道元禅師の場合は、苦の原因を渇愛や如浄禅師の五欲、五蓋《がい》といった煩悩の方向にはみずに、煩悩から起こるのではあるけれども「自己」（自分の勝手な思い）というものを直接の原因とみて、これを認識論的に処理することによって悟り（苦の滅）を得ようとしている如くです。すなわち、苦（自己の欲するままにならぬこと）というものは、「万法」（現実の対象、例えば、花が散る）と「自己」（自分の勝手な思い、例えば、散ってほしくない）とが一致していない場合に起こりますが、一致していれば起こりません。一致させる方法は一つしかありません。花を咲いたままにしておくわけにはいきませんから、散ってほしくないという勝手な思い（自己）をやめて、花の散ること（万法）を無条件で受け入れるしかないわけです。それができれば悟り（苦の滅）です。これが現成を公案として受け入れた姿かと思います。道元禅師はこの内容を「自己をはこびて……を迷いとす、万法すすみて……はさとりなり」と述べているわけですが、さらに、「自己をはこびて」をやめることを「自己をわするる」という言葉で表わし、「自己をわするるといふは、万法に証せらるるなり。万法に証せらるるといふは、自己の身心および他己の身心をして脱落せしむるなり」と述べています。すなわち、「自己をわするる」ということが「身心脱落」という悟りをもたらす契機となっているわけです。

自己をわする る——道元禅師の実践論5

道元禅師は、「自己をわするる」ということが「身心脱落《しんじんだつらく》」という悟りをもたらす契機となっているととらえていますので、この「自己をわするる」ということが「四諦《したい》の教え」の道諦（八正道）に相当します。この「自己をわするる」を実践しさえすれば悟り（苦の克服）に至るということです。この「自己をわするる」とは「自己をはこびて」を否定した言葉と思われますので、一応「自分の勝手な思いをはずすこと」の意味で理解しておきたいと思います。しかし道元禅師の直接の言葉を探しますと、『正法眼蔵』三昧王三昧《ざんまいおうざんまい》の巻に「参禅は身心脱落なり、祇管打坐《しかんたざ》して始めて得ん」とありますから、「自己をわするる」実践とは只管《しかん》打坐（＝祇管打坐）のことであると知られます。そしてその意味は「ひたすらに坐禅すること」とされています。坐禅について道元禅師は『普勧坐禅儀《ふかんざぜんぎ》』のなかで「箇の不思量底を思量せよ。不思量底、如何が思量せん。非思量。これ乃ち坐禅の要術なり」と述べていますから、この文章を拠り所に坐禅における心の動きを知ることができれば、「自己をわするる」の意味するところもわかってくることになりましょう。

まず、「思量」とは、思考のことですが、私たちの普通の認識方法のことだと思っていいでしょう。私たちの認識は、現実そのものを認識しているのではなく、現実のものに自分の勝手な思いを重ねて認識しています。骨董店に行ってある茶碗を手にしました。「おお、これは！」と思いが膨らみます。店主に値を聞くと格安です。しめたと思い購入しましたが、後で普通の茶碗に過ぎないことが判明します。こんな風に、私たちの認識は現実そのものを認識するのではなく、自分の思いを認識しているに過ぎないとも言えましょう。そのような認識の仕方は自分の都合のいいように認識し、都合のいいように展開するのを期待します。それらが裏切られると腹を立て、そして自ら苦しみます。

次に、「不思量底」（「底」とは、……のもの）とは、人間の思いの重なっていない「現実そのもの」（ありのままの現実）を指しています。その現実そのものを思量（認識）せよというのですが、そのときの思量は普通の思量（思考）ではなく、「非思量」だと言っています。この「非思量」が只管打坐しているときの心の内実だということになりましょう。普通の認識では現実そのものを認識するということはほとんど不可能だと思うのですが、只管打坐の坐禅はそれを可能にしてくれるというわけです。まず、「現実そのもの」をつかむための対象として自身の体を持ってきます。それを「正しい坐相」に設定し、一瞬もゆるがせにせず、「正しい坐相」をねらい続けます。その緊迫した様子は、橋本恵光老師引用の「油を一杯にした器を一滴もこぼさずに目的地まで運べば大臣にするが、一滴でもこぼせば斬り殺す」[23]という『涅槃経』（巻二十高貴徳王菩薩品）に出てくる話で想像できましょう。このようにして正しい坐相をねらい続けるとき、思いを重ねる普通の認識の出番はありえないわけです。このようにねらいつづけるときの思量は「正しい坐相」（現実そのもの＝不思量底）のみを対象とするでしょう。そのときの思量が「非思量」だと思います。そしてこれが「自己をわするる」の意味ではないかと思うのです。

「自己をわするる」が「非思量」に等しいとすると、非思量は無思量ではなくて、「正しい坐相」（現実そのもの＝不思量底）のみを対象とする思量（万法に証せられている思量）でありまます。それが可能なのは自己（自分の勝手な思い）をはずしているからです。最後に、この点の理解の参考になると思われる脳科学の知見を少々古いのですが、志賀一雅氏の『潜在脳の発見』によって紹介しておきます。

「大脳は大きく右脳と左脳に分かれ、さらに各部分はいろいろな役割を分担しています。外界からの知覚情報は、一旦、決められた脳の各部分に送られた後、そこから左脳の前頭葉にある意識中枢というところに送られ、そこで情報を総合し、外界に対して身体がどのように行動すべきかという意志決定を行い、次いで逆の経路で全身に指令を出します。今、この意識中枢が〈音楽を聴こう〉という指令を出したとします。その指令は側頭葉（脳の聴覚を司る部分）に達し働きを促しますが、聴いている音楽が好きな音楽と嫌いな音楽とでは脳の働きの様子が異なります。まず、嫌いな音楽を無理して聴いている場合は、意識中枢が側頭葉に〈聴く〉という指令を出しつづけ、緊張した状態で聴くことになります。一方、好きな音楽を夢中で聴いている場合は、意識中枢は指令を出す働きを中止し、すべてを側頭葉に任せて脳のなかは音楽だけになってしまいます」(24)（要約）

この「意識中枢」は自己意識とも呼ばれ、「自己をわするる」の「自己」に相当するのではないかと思うのです。と言いますのは、外界からの知覚情報を脳の各担当部分に伝達する経路が入力経路ですが、この入力経路の情報を総合して出力情報として発信するのが「意識中枢」（自己意識）ですから、出力情報としての「自分の勝手な思い」を発信する張本人は「意識中枢」（自己意識）と思われます。このようなわけで、道元禅師の説く「自己」とは「意識中枢」（自己意識）のことなのではないかと思うわけです。そして、好きな音楽を聴くときは側頭葉に任して意識中枢ははずれているというのですから、自己をはずすこと（只管打坐、非思量）を考えるとき、非常に示唆的であると思われます。

もう一つの「自己をわするる」――道元禅師の実践論6

道元禅師は「自己をわするる」ことが「身心脱落」という悟りをもたらす契機であるととらえ、その「自己をわするる」ことの具体的方法を「只管打坐」という坐禅であるとしていますので、そのことを右に見てきたわけですが、あわせて禅師は「自己をわするる」ことの方法として、坐禅とは別の方法も説いているように思われます。

　そのことを示唆する文章として『正法眼蔵』現成公案《げんじょうこうあん》の巻の「自己をわするるといふは、万法に証せらるるなり。万法に証せらるるといふは、自己の身心および他己の身心をして脱落せしむるなり」という文章に注目したいと思います。ここには「自己の身心脱落」と「他己の身心脱落」とが説かれています。まず「自己の身心脱落」の場合は、「自己をわするる」と同じ内容である「万法に証せらるる」において「万法」として「自分の身体」が取り上げられ、それを対象として只管打坐という坐禅が行われ、「万法（自分の身体）に証せらるる」すなわち「自己をわするる」を契機として「自己の身心脱落」となるわけですが、「他己の身心脱落」の場合は、「万法」として「他己」すなわち「他者」が取り上げられ、それを対象として「何か」をすることにより「万法（他者）に証せらるる」すなわち「自己をわするる」結果となって、この場合も「自己の身心脱落」をもたらすことになるわけです。それでは「他己の身心脱落」（他者の悟り）自体はどのようになるのでしょうか。それは「何か」にかかわってくるでしょう。

　そこで問題は、他者を対象として「何」をするのかということですが、その前に、「自己をわするる」と「万法に証せらるる」とが同じ内容であるという根拠として、これらの言葉が出てくる直前の「一方を証するときは一方はくらし」という道元禅師の言葉を挙げることができるかと思います。すなわち、万法に意識を集中しているときは自己への意識はうすらぎ、「自己をわするる」状態にあることになりましょう。そのような状態は悟りの状態ですから、「万法に証せらるる」（万法に悟らされている）ということになると考えられます。

　そこで、他者を対象として「何」をするのかということですが、その答えは道元禅師の「菩提心をおこすといふは、おのれいまだわたらざるさきに、一切衆生をわたさんと発願し、いとなむなり」（『正法眼蔵』発菩提心《ほつぼだいしん》の巻）という文章にあるかと思います。まず、「菩提心をおこす」の意味から考えましょう。「菩提」とは悟りの意味ですから、「菩提心をおこす」とは、悟りを得たいと願う心をおこすことの意味となりましょう。そして一般的には自分が悟りを得たいと願う心をおこすという意味なのですが、道元禅師は「おのれいまだわたらざるさきに、一切衆生をわたさんと発願し、いとなむなり」と述べていますので、禅師の場合は、自分ではなく、他者に悟りを得させたいと願う心をおこすことが「菩提心をおこす」の意味であることになります。そして、これが先ほどの他者を対象として「何」をするのかの答になります。すなわち、「他者に悟りを得させたいと願う心をおこすこと」がその答です。言葉を換えれば「衆生利益」であります。しかし、「おのれいまだわたらざる」（自分はまだ悟っていない）状態で他者をして悟らせることが可能なのでしょうか。これに対して道元禅師は「衆生を利益す、といふは、衆生をして自未得度先度他のこころをおこさしむるなり」（『正法眼蔵』発菩提心の巻）と述べています。すなわち直接に悟らせるのではなくて自未得度先度他の心を起こさせるのであります。その衆生が自未得度先度他（おのれいまだわたらざるさきに、一切衆生をわたさん）の心を起こすに至るならば、その衆生は他者のことだけを考えて「自己をわするる」結果となり、そのことによって悟りがもたらされ利益されることとなりましょう。しかし続けて道元禅師は「自未得度先度他の心をおこせるちからによりて、われ、ほとけにならん、とおもふべからず」と注意されています。このように思ったとたんに「自己をわするる」状態から転落するからでしょう。

それでは衆生利益、すなわち「衆生をして自未得度先度他のこころをおこさしむる」ための具体的方法として禅師は何を説いているかといいますと、それは、『正法眼蔵』菩《ぼ》提《だい》薩《さっ》埵《た》四摂《ししょう》法《ぼう》の巻において説かれる「布施・愛語・利行・同事」を内容とする「四摂法」であります。「布施」とは自分の物を他者に惜しみなく上げること、「愛語」とは他者にやさしい言葉をかけること、「利行」とは世の中の役に立つことをすること、「同事」とは自分と他者を区別しないことをいいます。この「四摂法」は衆生を仏道に引き入れる方法として原始仏教以来説かれていますが、道元禅師の解説（本書の171頁から178頁を参照）は独特のものがあり、特に「利行」を解説する中で「利行は一法なり、あまねく自他を利するなり」と述べていますが、これは他者を利する行が同時に自己を利する行となっているという意味かと思います。「他己の身心脱落」（他者の悟り）を一心に願い行じる中に「自己をわするる」ことがもたらされ、それが「自己の身心脱落」（自分の悟り）をもたらすことになるということでしょう。

このように、道元禅師は身心脱落という悟りをもたらす契機としての「自己をわするる」ということについて、その具体的方法として一つは只管打坐という坐禅を説き、もう一つは利他行としての四摂法を説いて、都合二つの実践方法をといていることになります。後者は一般人が日常生活の中でもできる「自己をわするる」実践方法といえましょう。

「現在」とは何か1

これは、簡単に答えられない難しい問題です。「時間」というものをどう考えるかという問題であって、「ゼノンのアキレスと亀の逆理」が二千年来無数の哲学者や数学者によって検討されてきたにもかかわらず未だに解決を見ていないとされることからもその難しさが想像されます。この難問について、抽象的、観念的ではなく、感覚的に考えてみたいと思います。

まず、第一例として、ここに一本のヨウカンがあります。真ん中あたりを包丁で切ります。ヨウカンは半分になりました。右側の半分を「過去」とし、左側の半分を「未来」とします。そうすると「現在」はどうなるのかと言いますと、ヨウカンの「切り口」がそれに当たるのだと思います。そうではなくて、ごく薄っぺらのヨウカンを切ってこれが「現在」だと言えば、それをまた過去と未来に切り分けることが可能ですから、ヨウカンの「切り口」が現在に当たるとすべきでしょう。そうすると過去と未来はヨウカンとして存在しますが、現在はヨウカンとしては存在しないことになります。

次ぎに、第二例は、そのなかに自分がいる「今」という「現在」を考えます。そうすると「過去」とは自分の頭のなかで思い起こした事柄に過ぎませんし、「未来」も頭のなかで想像している事柄に過ぎません。一秒前に確かに存在した自分を含めた全てのものも、「現在」（今）からすれば、すべては過去のものとして頭のなかの事柄に過ぎないと認められます。ですから、存在するのは「現在」だけであり、過去も未来も存在するとは言えないことになります。

第一例では過去と未来があって現在がなかったのに対し、第二例では現在だけがあって過去と未来はないという不思議なことになってしまいます。これは一体どうしたことでしょう。第一例は自然科学が採用する線形時間と言われるもので、ヨウカンが線形を表しているわけですが、これは時間が線形上を動くという考え方で、時間というものを時間の外から眺めているわけです。このように時間というものを外から眺めようとすると現在がすり抜けてしまうのです。一方、第二例では「現在」（今）の真っ只中に自分がいます。そうすると過去も未来もなくなってしまい、「現在」（今）だけになります。常に「現在」にありますから、今、今、今、の連続になります。観念論ではなく、実践論を説く道元禅師は、この第二例の時間論に立ち、

「今」を「而今《にこん》」、あるいは「有時《うじ》」として説いているのだと思います。

「現在」とは何か2

前回、二種類の時間をお話しししました。一つはヨウカンに喩えた時間で、もう一つは今、今の時間でした。「ヨウカンの時間」は全体が過去と未来で長さは無限大ですが、現在は切り口にすぎず、ヨウカンとしては存在しません。過去の部分を青色とし、未来の部分を緑色としますと、時間の経過とともに色の境目（現在）が青色（過去）の側から緑色（未来）の側に移動します。このような時間は、見られている時間であり、考えられている時間です。それを見、考えている認識主体は時間の外にあります。時間の外にある認識主体によって考えられている時間ですから観念的時間と言えましょう。しかし、このような時間は主観が完全に排除されているため客観世界、すなわち、自然科学の世界を構成し、いろいろと有効性が認められる世界でもあります。有効性が認められるからと言って、観念性が否定されているわけではありません。注意すべき点かと思います。

一方、「今、今の時間」とはどういう時間かと言いますと、「ヨウカンの時間」（観念的時間）のなかで、時間の経過とともに移動した「色の境目」（現在）に、外で見ていた認識主体を無理に押し込んだとき、その認識主体が経験する時間がそれです。その認識主体は常に「色の境目」である現在にありますから、「今、今の時間」と呼びうるかと思います。こちらの時間では、認識主体は常に現在を経験していますので、経験的時間と言えましょう。そして、その場合の過去と未来はすべて頭のなかにある観念に過ぎませんが、実はこれが先の「ヨウカンの時間」（観念的時間）に相当します。だがしかし、過去は観念に過ぎないと言っても、昨日の自分は確かに存在したではないか。あれは観念か。という疑問がおこりましょう。確かに存在しました。しかし、昨日の「現在」に存在したのであって、今の「現在」から見ると、それは頭のなかにある観念に過ぎないのです。常に現在にあるというのが二番目の時間です。

要するに、二つの時間は、認識主体を時間の外に置くか、時間の真っ只中に置くかという相違に基づくことになるわけです。道元禅師は、認識主体（自分）を時間の真っ只中に置く後者の時間の立場に立ち、昨日見たものも今日見たものも、今、山々を見わたすようなものだと次のように言っています。「三頭八臂《さんずはっぴ》（不動尊像）は、きのふの時なり、丈六八尺《じょうろくはっしゃく》（仏像）は、けふの時なり。しかあれどもその昨今の道理、ただこれ山のなかに直入《じきにゅう》して、千峰万峰をみわたす時節なり、すぎぬるにあらず。三頭八臂も、…彼方《ひほう》にあるににたれども而今《にこん》なり。丈六八尺も、…彼処《ひしょ》にあるににたれども而今なり」（『正法眼蔵』有時の巻）。

有時――道元禅師の時間論1

前回、道元禅師の時間論は「今、今の時間」にあることを見ました。今回は道元禅師の『正法眼蔵』有時《うじ》の巻を紐解き、少し立ち入って考えます。人間が外界の光の刺激を目で受け取り、その情報を脳に伝達してある映像として理解するまでに〇・二五秒かかるとされていま す。しかも人間は外からの情報通りにではなく、自分の持ついろいろな過去の情報を合成して見ますので、私たちは外界の刺激を受けながらも内なるものを見ていることになりましょう。その点を道元禅師は「われを排列しおきて尽界とせり」「われを排列して、われこれをみるなり」と表現しています。すなわち禅師が「尽界」などの言葉を使っていても「外界」そのものを意味しているのではないということです。

次ぎに、飛んでいる矢を見ているとします。その時、時間が止まったとします。矢はどのようになるでしょう。空中に止まって見えるとお考えでしょうか。そもそも質問の「時間が止まる」という表現が曖昧です。「時間は流れるもの」と考えるために「止まる」という言い方をするのであって、「時間が止まる」とは時間が無くなることに他ならないと言えましょう。もし時間が止まっても物が見えているのであれば、そこには時間が有るのであり、時間が無くなれば矢は見えなくなるはずです。すなわち時間が有るから物が見える（空間的認識が成立する）のであるし、物が見える（空間的認識が成立する）ためには時間が必要です。この空間的認識と時間との関係を道元禅師は「有時《うじ》」という言葉で表現しているのであり、「有時は、時すでにこれ有なり、有はみな時なり」と述べています。また禅師は、山をのぼり河をわたったという自分の過去の経験について、それは自分が今思い出しているのだとして「われに有時の而今《にこん》ある、これ有時なり」と述べています。「自分に、山に登ったあの時の空間的認識を思い出している今がある。これがある時点の空間的認識ということである」の意味となりましょう。すなわち「有時」とは、「ある時点の空間的認識」であり、それが「而今」すなわち現在に起こっているという訳です。過去の経験を今思い出しているというのです。未来についても同様に今想像しているに過ぎない、となりましょう。したがって禅師の時間論は「而今」という現在に過去も未来も共に包含され、その現在が空間的認識を成り立たせつつ、現在、現在として連続しているというのが骨子となりましょう。「尽界にあらゆる尽有は、つらなりながら時時なり」「時時の時に尽有尽界あるなり。しばらく、いまの時にもれたる尽有尽界ありやなしやと観想すべし」と述べています。

経歴と住位――道元禅師の時間論2

今回は、「経歴《きょうりゃく》」という概念を中心に道元禅師の時間論を考えます。前回、禅師が、山をのぼり河をわたったたという自分の過去の経験について、それは自分が今思い出しているのだとして「われに有時《うじ》の而今《にこん》ある、これ有時なり」(自分に、山に登ったあの時の空間的認識を思い出している今がある。これがある時点の空間的認識ということである)と述べていることにふれましたが、さらに詳しく「三頭八臂《さんずはっぴ》はきのふの時なり。丈六八尺はけふの時なり。しかあれどもその昨今の道理、ただこれ山のなかに直入して、千峰万峰をみわたす時節なり、すぎぬるにあらず。三頭八臂も、すなはちわが有時にて一経す、彼方にあるににたれども而今なり。丈六八尺も、すなはちわが有時にて一経す、彼処にあるににたれども而今なり」と述べています。試訳してみますと、「三頭八臂（不動尊像）を見たのは昨日であり、丈六八尺（仏像）を見たのは今日である。昨日と今日という時間的な相異が確かにあるけれども、それらを昨日見た、今日見たという思いが今あるのであるから、それらは山頂に登って遠くの異なる山々を同時に見渡すのに似ている。今起こっている思いであり、過ぎ去ったのではない。そして昨日見た三頭八臂も自分のその時の空間的認識（わが有時）が今頭のなかをよぎった（一経す）のであり、昨日のようであるが今（而今）である。今日見た丈六八尺も自分のその時の空間的認識が今頭のなかをよぎったのである。すでに見終わってしまったようであるが今（而今）である」となりましょうか。三頭八臂の一経も丈六八尺の一経もともに「今」のでき事ですが、これらの二つの「今」は、もちろん同じ「今」ではありません。しかし、「つらなりながら時時なり」ですから、「今、今」として連続しています。それをまとめて「昨日（の三頭八臂）より今日（の丈六八尺）へ経歴す」と表現し、「今日（の丈六八尺）より昨日（の三頭八臂）に経歴す」とも表現しています。したがって「経歴」とは、頭のなかにいろいろな空間的認識が「よぎること（現れること）のつらなり」をいうのであり、何かものが移動するように（風雨の東西するがごとく）考えるべきではないと注意し、さらに、春には春らしいたくさんの様相が見られること（春に許多般《こたはん》の様子あり）が「経歴」の意味だと説明しています。このように、「経歴」は、「而今」（今）における頭のなかでのでき事（空間的認識がよぎること）のつらなりをいうのであり、「有時」とともに、連続する「今、今の時間論」を構成する重要な概念であるわけです。

ところで、道元禅師はなぜ、私たちが常識で考える等速的な「流れの時間」（観念的時間）ではなく、連続的な「今、今の時間」の立場に立つことを主張するのでしょうか。まず凡夫が「すぐる」と考える時間、すなわち「流れの時間」を「去来《きょらい》」と表現し、禅師が力説する「今、今の時間」を「住位《じゅうい》」と表現しています。「住位」とは「今」の真っ只中に住しているということかと思いますが、「現成公案」の巻では「前後際断」と説明されています。自分にとっての「今」はいのちある生身の「今」ですが、それ以前の過去はすべて頭のなかの観念ですし、それ以後の未来もすべて頭のなかの観念にすぎません。過去は観念であり、現在（今）はいのちある生身であり、そして未来は再び観念だというのであれば、確かに「前後際断」というべきでしょう。そのような前後際断の「今」が、今、今として連続しているわけですが、その「今」に、例えば不動尊像という空間的認識が頭をよぎったとします。そのとき、自分の意識が、一瞬によぎった空間的認識のあとを追っかけると「去来」（流れの時間）となり、今、頭のなかを「よぎった」（一経）という事自体に踏み止まれば「住位」（今の時間）といわれるのではないかと思います。前者は空間的認識を見て、それにとらわれている姿（その空間的認識を見つづけて自分の思いと格闘させ、刻々と現れる新しい空間的認識に注意を向けていない姿）であり、後者は空間的認識の真っ只中にいてとらわれのない姿（刻々と現れる新しい空間的認識そのものになっている姿、あるいは現在の中にある認識主体が常に現在のみを見ている姿）といえましょう。「住法位の活鱍鱍地（自由自在）なる」とは、このことかと思います。すなわち、無執着の実践の姿を時間論の立場から厳密に規定しておこうというのが道元禅師の「今、今の時間論」の主張目的ではないかと思うのです。

何か失敗して赤面したとき、失敗した事柄にいつまでもとらわれて嘆かず、では今、自分はどう対処すべきかを考えるというのも「今、今の時間」に立つことかと思います。

参考・引用文献

(1) 尚学図書編『国語大辞典』小学館、一九八八年。
(2) 西光義敞『暮らしの中のカウンセリング』有斐閣、一九八四年　一三七～一三八頁。
(3) 五木寛之『他力』講談社、一九九八年。
(4) 加地伸行『家族の思想』ＰＨＰ研究所、一九九八年、二一九～二二五頁。
(5) 水野弘元『釈尊の人間教育学』佼成出版社、一九九四年、一一〇～一一一頁。
(6) 木村隆徳「子どもの遊び、昔と今」『在家佛教』第六二一号、二〇〇四年、七二～七三頁。
(7) 仙田　満『子どもとあそび』岩波新書、一九九二年、ii頁。
(8) 宮崎市定『中国古代史論』平凡社選書、一九八八年、七頁。
(9) 梅原　猛『日本人の「あの世」観』中央公論社、一九八九年、九～一二頁。
(10) 森三樹三郎『「無」の思想』講談社、一九六九年、一三頁。
(11) 相良　亨『日本人の心』東京大学出版会、一九八四年、二二七頁。
(12) M・メイヤロフ著、田村　真・向野宣之訳『ケアの本質』ゆみる出版、一九八七年。
(13) 村上陽一郎・ひろさちや『現代科学・発展の終焉』主婦の友社、一九九四年。

(14) 日野原重明『現代医学と宗教』岩波書店、一九九七年、一二～一八頁。
(15) ひろさちや・立川昭二『病むこと 死ぬこと 生きること』鈴木出版、一九九四年、一二八～一三二頁。
(16) 関口 武『気象と文化』東洋経済新報社、一九八三年。
(17) 宮元啓一『仏教誕生』ちくま新書、一九九五年。
(18) 増谷文雄『仏教百話』ちくま文庫、一九八五年、八一頁、二〇二～二〇三頁。
(19) 中村元他編『岩波仏教辞典』岩波書店、一九八九年
(20) 高橋賢陳『道元のこころ』有斐閣、一九八一年、一三六頁。
(21) 佐藤俊明『修証義への誘い』曹洞宗宗務庁、一九八五年、九六～九八頁。
(22) 高崎直道・梅原 猛『古仏のまねび〈道元〉』角川文庫、一九九七年、六六頁。
(23) 橋本恵光『普勧坐禅儀の話』大樹寺山水経閣、一九七七年、一八六頁。
(24) 志賀一雅『潜在脳の発見』祥伝社、一九八三年、一二八～一三二頁。

あとがき

　昭和五十八年に本書の基になった法話の第一話「三界唯心」を書いて以来、一回も休まずに続いたというのは自分自身でも内心驚いています。お檀家さんの月命日（月忌）に行った折に印刷したものを置いてくることにしましたので途中で止めるわけにはいかなかったというのがホンネですが、そのことが休まないようにと後押ししてくれたことは確かだと思います。それとは別に、前に引っ張ってくれた理由は別にあったように思います。恐らくそれはワープロやパソコンだったろうと思います。あまり本質的な理由でなくて申し訳ありません。

　昭和五十八年に私の住む萩でもコンピューター講座が始まりました。早速、申込みをして第一期生になりました。教わったのは「ベイシック」というコンピューター言語です。コンピューターはどのようにして動くのかということの入り口を教えてもらったわけです。しかし「ベイシック」という言語は実際的な仕事ができるようなものではありませんでした。まだ一般人がコンピューターを使える状態ではなかったということです。そのことが教室に通ってよくわかりましたので、では何が実用的かと調べましたら、ワープロ（ワード・プロセッサー、文書作成機）でした。しかしそのワープロも東芝が苦心の末に実用化したばかりで、当初は六百万円もしたと言われています。それが三百万円ぐらいになったところで、富士通が超小型で一文字十六ドット（公文書使用不可）のものを昭和五十八年に五十万円で販売を開始しました。ハワイからやってきた関取、高見山がこの超小型ワープロを「オアシス」という愛称で宣伝していたと記憶します。子どものころから機械いじりが好きだった私はないお金をはたいて飛びつきました。このワープロを役立てたい一心で法話を続けたというわけです。平成二年にはパソコンも十分実用化していましたのでそれに代え、その後、マイクロソフト社のウインドウズ95（基本ソフト）が出て以来、パソコンの目覚しい発展はご承知の通りです。ウインドウズ95が出たころから、素人の私たちでもインターネット上にホームページを開設することが可能になりました。早速、私も挑戦し、そのころには法話もかなりたまっていましたので、五十話ほど選んで「なるほど法話　海潮音」と名前を付け、平成十二年（二〇〇〇年）元旦に開設しました。ホームページを開設しても更新を確実に行うのはなかなか難しいようですが、私の場合は、上述のごとく、法話書きを引っ張ってくれる力も後押ししてくれる力もありましたので、あまり苦労を感ずることなく現在にいたっています。そうこうしていましたら、誠信書房の濱地正憲氏よりお手紙をいただきました。偶然に私のホームページをご覧になったそうで、本にまとめてはどうかというお誘いでした。ホームページを開設するといっても、大それたことは一切なく、すべては自分の机の上にあるパソコンを相手にパチパチやっているだけで、部屋に閉じこもってやれる仕事です。このことが現代の子どもたちの心を蝕んでいるようですが、私などにとっては、いながらにして出版社から声がかかるということにもなり、本当に世の中は変わりつつあるなと実感しています。

今回の出版は私の処女作です。誠信書房の濱地正憲氏には何から何までご指導をいただきお世話になりました。深く感謝いたします。また、法話を書き続けよと今も叱咤激励して下さりつつある檀信徒各位に厚く御礼申し上げます。

平成十七年一月

木　村　隆　徳

著者紹介

木村　隆徳（きむら　りゅうとく）

1947年　山口県萩市に生まれる
1970年　駒澤大学仏教学部卒業
1975年　東京大学大学院人文科学研究科印度哲学専攻博士課程中退
1975年　東京大学文学部助手
1989年　山口大学教育学部非常勤講師
現　在　島根県立石見高等看護学院非常勤講師
　　　　山口県萩市北古萩　曹洞宗　海潮寺住職

なるほど仏教
——禅の法話に学ぶ

2005年3月10日　第1刷発行
2005年4月10日　第2刷発行

著　者　木村隆徳
発行者　柴田淑子
印刷者　井川高博
発行所　株式会社　**誠信書房**
〒112-0012　東京都文京区大塚3-20-6
電話　03(3946)5666
http//www.seishinshobo.co.jp/

末広印刷　中尾製本
検印省略

ISBN4-414-10334-7 C1015